EL ES EL REY Y YO SOY SU HIJA

LORENA VAZQUEZ

Derechos de autor © 2016 por Lorena Vazquez

EL ES EL REY Y YO SOY SU HIJA
por Lorena Vazquez

Impreso en los Estados Unidos

Edited by Xulon Press.

ISBN 9781498490016

Todos los derechos reservados exclusivamente por el autor. El autor garantiza que todos los contenidos son originales y no infringen los derechos legales de cualquier otra persona o trabajo. Ninguna parte de este libro puede ser reproducida en cualquier forma sin el permiso del autor. Las opiniones expresadas en este libro no son necesariamente las de Xulon Press.

www.xulonpress.com

Para tí Lilia con
Amor ♡

Disfruta Mi Historia
En ella encontrarás
El Poder en el Nombre de
Jesús Para Cambiar Tu
Historia

With Love.

Pastora ♡
Lorena

07-03-19

DEDICATORIA

A Dios Padre: Autor principal de este libro.

Escribirlo fue tan solo uno de los incontables sueños tuyos para mi vida y mi gratitud hacia ti es eterna, mi buen Jesús.

No tan solo por permitirme escribirlo, sino porque nunca dejas de sorprenderme cuando se trata de tus planes para mí.

TABLA DE CONTENIDO

Dedicatoria v
Agradecimientos ix
Introduccion xi

Capitulo 1:   Afirma tu identidad 13
                Me desconozco
                No me conocen

Capitulo 2:   Un Arbol de Mandarinas 26
                Creciendo en mi propio Huerto

Capitulo 3:   A través de sus ojos 33
                El Secreto de mi Fe

Capitulo 4:   Los príncipes si existen 41
                Juntos Y de Acuerdo
                El amor es Paciente
                El amor es Bondadoso

Capitulo 5:   Vestida de Hermosura 57
                Mi vestido Azul
                Vestidos Heredados

Capitulo 6:   Restauradora de Portillos 66

Un nuevo Aceite

Capitulo 7:   Lugares Altos 72
Pies de Ciervas
Firmeza en mis Alturas

Capitulo 8:   La Gracia de Dios Conmigo 80
Un Manto de Colores
La unción te Pertenece

Capitulo 9:   Diademas...................... 94
Bienvenida por Evelyn Roco
Los Planes del Padre
Abrazos que sanan Generaciones
El respaldo del Padre
El abrazo que me Posiciono
Sanas para Servir
El poder de volver a Nacer
Portadoras de su Gloria
No hay Gloria sin Desierto
Testimonios
Pastora Jazmin Figueroa
Pastora Sonia Plaza
Pastora Yamilka Figueroa

Capitulo 10:   Palabras de la Autora 121
No hay Paredes

AGRADECIMIENTOS

Mi esposo: Quien ha emprendido este largo viaje de creer, amar y abrazar cada uno de los anhelos guardados en el corazón del Rey junto a mí.

No ha cerrado su mano jamás y ha amado mi vida consintiendo, apoyando y celebrando cada uno de mis logros.

¡Mi Cielo! A través de ti puedo ver cada día cuanto Dios cree en mí.

A mí misma:¡Sí, me agradezco mucho a mí misma! Aprender a creer en mí fue el reto más grande que tuve para entender que amar y abrazar al otro dependía de cuanto me amaba a mí misma.

Para creer en ti, debes amarte. Solo así lograrás amar y creer en otros.

«El segundo se parece a éste: "Ama a tu prójimo como a ti Mismo"».Mateo 22:39

INTRODUCCIÓN

Comenzando el segundo ciclo del 2016 comienza una gran inquietud en mi corazón por concluir todos los deseos de Dios para este año.

El Espíritu Santo me recuerda al caer la tarde de un 25 de julio que este es el tiempo de un nuevo comienzo, conexión y ensanchamiento para quienes deciden creerlo.

Es mi deseo poder conectarme contigo a través de este tan esperado libro que tengo la seguridad que irá conectando y ensanchando tus sueños con los de Dios mientras vas descubriendo quién eres realmente para Él.

Él Es El Rey y Yo Soy Su Hija quedará plasmado en lo más profundo de tu ser y marcará tu vida hacia un destino perfecto bajo el cumplimiento del Padre Eterno. Es un deleite para mí saber que Dios use este medio para unir nuestras vidas y que cada mujer que pose sus ojos sobre estas líneas pueda ser impartida, empoderada y posicionada a caminar en un tiempo de promesas para su vida.

A medida que voy escribiendo, vienen a mi espíritu dos palabras claves que ayudarán a conectarnos de una manera más cálida. No hay nada mejor que poder escribir y leer en unidad de espíritu.

La primera palabra es *concluir*.

Concluye todas las cosas

Ocacionalmente Dios habla a nuestra vida de diferentes formas y nos cuesta enormemente activarnos ante un deseo suyo, pero si el deseo es tuyo o mío, cambia nuestra realidad y perspectiva. ¿Qué opinas al respecto?

En cuanto a esto, su palabra nos dice

> «Porque Dios es el que en vosotros produce así el querer como el hacer, por su buena voluntad». Filipenses 2:13

Es la voluntad de Dios que tú y yo estemos caminando en sus deseos, y ya Él puso en nosotras dos llaves que abren la puerta de la autoconfianza.

Querer y *hacer* son dos llaves necesarias para entrar por las puertas correctas que nos impulsan a avanzar en nuestro destino profético.

La segunda palabra es *creer*.
Cree en ti!

En repetidas ocasiones nos resulta creer más en otra persona que en nosotras mismas. ¿Te has preguntado a qué se debe este sentir?

Sin hacer un balance en cuanto a en qué nivel de autoestima se encuentra tu vida, me animo a decirte que no creer en ti no es otra cosa que no haber experimentado una experiencia real con Dios.

Puedo contarte innumerables derrotas que vencieron mis fuerzas por no saber quién era yo realmente, cuánto valía y quién era mi Padre.

Concluir y *creer*—dos palabras conectadas que traerán cumplimiento al gran sueño de Dios en tu vida.

Disfruta mi historia, porque en ella está el poder para impartir tu historia de un cumplimiento acelerado. ¡Dios te va a sorprender!

Capítulo 1

AFIRMA TU IDENTIDAD

¿Quién es esta?
«¿Quién es ésta que sube del desierto,
Recostada sobre su amado?»
Cantares 8:5

Tras la inmensa necesidad de poder abrazar tu vida y empujarte violentamente a descubrir tu verdadera fe en Dios y en ti misma, me determiné a escribir este libro usando las dos llaves más importantes que me conectan con tu vida en este tiempo.

Yo hoy también decido CONCLUIR Y CREER.

A partir de hoy todos los que te conozcan se preguntarán ante el mundo, ¿QUIÉN ES ESTA? Que destila en todo tu ser el eterno Poder del Amor de un Padre Eterno.

¿Quién es esta? Muchas veces oí murmurar a los aires; sin saber cómo enfrentar la inmensa experiencia de la transformación en mi vida y tras encontrarme con mi verdadera identidad.

Entro en este tan importante capítulo compartiéndote un poco de mí.

Pastora Lorena Vázquez pasa a ser nueva criatura un mes de abril de 2004 tras ser abrazada por una palabra profética que llenó mi vida de poder y cambió el rumbo que el mundo y su gobernante el diablo tenían para mi destino.

Desde muy pequeña sufrí abuso en cuanto al control de diferentes situaciones y personas que marcaron mi vida, empujándome a un valle oscuro en el que no existía en mi dominio propio.

Hoy quiero impartirte a través de mi historia y que poderoso es comenzar declarando en ti que todas las cosas son nuevas para quienes deciden poner en manos del Rey su destino.

Observa lo que su palabra nos enseña:

> «Pero olvida todo eso; no es nada comparado con lo que voy a hacer. Pues estoy a punto de hacer algo nuevo. ¡Mira, ya he comenzado! ¿No lo ves?» Isaías 43:18–19 NTV

Es mi deseo a través de mi testimonio llevarte a entender lo que nadie me ayudó a entender a mí.

Una vez conoces a Jesús, comienzas a caminar en un nuevo plan para tu vida.

Este plan no viene del hombre quien posiblemente como a mí fue quien llevó tus pies a ese valle de oscuridad.

Realmente fueron tantas las etapas que tuve que vivir para llegar a obtener hoy toda la gracia y respaldo del Rey, que solo compartiré contigo aquellas que el Espíritu Santo permita a través de este libro.

Este capítulo ha sido separado en dos partes importantes de mi vida con referencia a ¿Quién es esta?

Primero y bajo un óleo de gozo puedo declararte que esta es Hija del Rey.

Pero antes de descubrirme a mí misma tuve que descubrir, conocer y vivir una experiencia con ese Rey que hoy ante el mundo predico: Jesús, Rey de Reyes y dueño absoluto de mi vida.

Dios sacó mi alma de la cárcel para poder adorarle.

Y hoy vivo día a día la maravillosa experiencia de adorar al Rey en libertad.

Él puso todas mis lágrimas en su redoma y salió a mi encuentro en todas mis huidas.

Él y solo Él es el dueño y la razón de mi adoración.

PRIMERA PARTE

Me desconozco
«Me he despojado del viejo hombre y he sido revestido del nuevo, el cual conforme a la imagen del que me creó se va renovando hasta el conocimiento pleno».
Colosenses 3:9–10

Corren los años hacia atrás de mi vida y se detienen por un instante específico y suficiente para contarte que recibir a Jesús como mi Salvador no solo fue un pasaporte a un destino perfecto, sino también fue el enorme desafío a conocerme real y profundamente a mí misma y revestirme con ropas nuevas.

Vestiduras de poder existían desde antes de la creación para aquella niña débil y miedosa que temia a la oscuridad.

Esto no fue antes de poder experimentar entre otras cosas la dura tarea de despertar el sueño de Dios en mi vida y auto liberarme.

Es cuando llega su palabra *Rhema* a tu oído y te dice:

«¡Despierta, [Lorena] despierta!
¡Revístete de poder.
…ponte tus vestidos de gala,
Sacúdete el polvo...

Primera Parte

¡Levántate...!
¡Libérate de las cadenas de tu cuello,
cautiva hija de Sión!»Isaías 52:1–2 NBD

Es la voluntad de Dios que sepas que Él tiene libertad para tu vida, pero tú y yo debemos auto liberarnos para vivir la única y hermosa experiencia de saber realmente quiénes somos.

Yo, Pastora Lorena, fui engendrada en una cárcel natural que me llevó a formarme, nacer, crecer y caminar en una identidad que no era la que Dios desde el vientre de mi madre diseñó para mí.

Venía de una descendencia que aún hoy desconozco a totalidad e ignoraba la importancia de averiguar mis raíces para poder entregarle las iniquidades de mis generaciones pasadas a Dios y entrar en un Renuevo Sobrenatural para impactar generaciones futuras.

El haber sido engendrada en una prisión empujó violentamente mi vida a vivir atada espiritualmente a todo aquello que formaba raíz en ella.

¿Qué puede ofrecerte una cárcel?

Oscuridad, opresión, agobio, soledad, llanto, y auto decepción.

Todas estas raíces y más crecieron dentro de mi vida espiritual, dejándose ver en mi vida natural.

Siempre recuerda que lo que no es visible en el Espíritu se hace visible en lo Natural.

Querida amiga, quizás puedes identificarte con mi pasado y estar en este momento experimentando una auto liberación en tu vida. Así lo creo y esto es tan solo el comienzo de las riquezas que acumularás dentro de ti para transformar vidas a través de tu transformación.

¡Sí somos transformadas para transformar!

Hay una increíble sensación de desconocerte cuando vas descubriendo que hay una vida diferente trazada por Dios para ti y tu descendencia.

Un giro impactante mueve tus pies posicionándote en una nueva y extraordinaria plataforma permitiéndote un real encuentro contigo misma.

Es asombroso ver cómo tu nueva identidad te lleva a las más inimaginables esferas en el mundo espiritual, dejando en evidencia quién eres aquí en la tierra y hacia dónde vas.

Recuerdo haberles ministrado a miles de mujeres que «El lugar del cual vienes no es el mismo lugar al cual te diriges».

Ester, una mujer huérfana, abandonada y marginada por la sociedad, se convirtió en una Mujer Segura de sí misma cuando llegó el gran día de entrar al palacio.

Lógicamente su destino fue cobrando vida a través del proceso. Ester tuvo que conocer su verdadera esencia antes de un encuentro con el Rey. Solo así lograría tocar su corazón.

Fue tarea difícil para mí auto liberarme y salir de esa prisión que encaminaba mi vida con un plan diferente a los deseos de Dios.

Cuando me encontraba en ese valle oscuro y ese abismo llamado depresión, el cual me tocó vivir, no creía que había un día de expiración para mi tormento, pero lo cierto era que ya Dios le había puesto fecha de expiración a mi enfermedad.

Si, estaba enferma ¡Todo mi ser lo estaba!

Enferma mi alma, cautiva y desesperanzada.

Enfermo mi cuerpo, mi mente y mi corazón.

Respirando sin respirar (diagnóstico verbal de una profesional ante una de mis crisis respiratorias, hablando por teléfono con alguien que indiscutiblemente estaba poniéndose de acuerdo en ese diagnóstico).

«Acá estoy, estaba por terminar mi jornada de trabajo pero me llegó una loca que dice que no puede respirar cuando respira». momento que marcó mi vida porque estaba a punto de despertar la leona que había dentro de mí y darme cuenta de que lo que los libros no marcaban el profesionalismo en un doctorado «especializado» para ser de ayuda a personas con trastornos psicológicos.

Años después sigo pensando lo mismo. "Ella Necesitaba un encuentro con ella misma".

¡No pienses ni por un minuto que en ese valle oscuro vi la luz tan pronto, no!

Así y bajo ese estado de depresión me tocó vivir varias etapas de mi vida.

Era una depresión que no reconocieron mis padres, ni médicos, mucho menos yo por un largo periodo de mi vida, el mundo quiso ponerle fin a lo que aún no empezaba para mí.

Llegué a ser madre sin amarme, ¿puedes imaginarlo?

O más fuerte aún, ¿existe la posibilidad que lo estés viviendo?

Es de manera urgente que necesitas hacer un pare en tu vida y comenzar a descubrir cuanto puedes llegar a amarte o cuanto debes llegar a amarte para así amar a otros.

No puedes repetir la historia en tus hijos. Debes determinarte a cambiar tu generación.

La voz de Dios viene a mi oído diciéndome en este instante:«Cuéntales cuando oraban por ti y te declaraban sana y libre y tus crisis continuaban de manera frecuente».

Ni explicártelo con palabras puedo! Era muy difícil oír un pastor e intercesores atando, desatando y declarando libertad para mi vida y luego sentirme peor de lo que llegué a ese lugar.

Puedo asegurarte creer que el aire se había terminado para mí cuando viendo las personas respirar y caminar libremente por las calles a mí me costara tanto.

yo pagaba por el aire que respiraba mientras incontables dosis de pastillas controlaban mi mente.

¿Notas algo aquí?

Ellos caminaban LIBREMENTE.

Hay una necesidad básica en cada uno de nosotros de entender que todo límite y obstáculo para alcanzar y recibir se encuentran en nuestra mente. Y existía algo aun mayor que me empujaba cada vez más a ese abismo de oscuridad y desesperación. Mi manera de vivir.

> «Cambien su manera de pensar para que así cambie su manera de vivir y lleguen a conocer la voluntad de Dios, es decir, lo que es bueno, lo que le es grato, lo que es perfecto». Romanos12:2 DHH

Yo vivía según lo que el nivel de sanidad mental me permitía vivir, impidiéndome esa atadura lograr reconocer y experimentar la voluntad del Padre para mi vida.

Renovar tu mente es una decisión y yo te invito a que des ese paso.

La urgencia de auto liberarte es hoy y ahora.

cuando yo me decidí a hacerlo comenze en ese mismo momento a experimentar la libertad completa en mí.

Hoy cuando se preguntan entre ellos ¿Quién es esta?

Los aires cuentan una más de sus grandezas. <Esta es mi hija amada y tengo contentamiento de ella>.

SEGUNDA PARTE

NO ME CONOCEN

«Aunque padre y madre me dejaran,
con todo Jehová me recogerá».
Salmos 27:10

Escribiendo acerca de esto mi corazón desborda de gratitud.
recordando tiempos de inmensa soledad en donde muchos incluso los mas cercanos te abandonan, pero la mano del Dios tuyo se hace presente diciéndote no temas, yo estoy contigo,yo te ayudo yo te sustento con la diestra de mi justicia.

Y a su vez se dibuja una sonrisa en mis labios iluminando mi rostro con todo el resplandor de aquel que es suficiente para mí en momentos en donde aquellos que te aman no te eligen.

Pastora, ¿pudieras explicarme cómo es que aquellos que te aman no te eligen?

Por supuesto que sí te explicaré.

Si a mi me llevo tanto tiempo descubrir que amarme a mi primero era la clave para amar a los demás ¿Qué pudiera hacerte o hacerme pensar que aquellos que dicen amarte han descubierto aun su amor propio?

Entonces, no es otra cosa que gente amándote sin amarse.

En días pasados hablaba con alguien acerca del amor que existe en mi hacia una persona muy importante que tuve a mi lado cuando aquel valle, aparte de ser oscuro y desesperante, se llenó de lobos feroces invadiendo y merodeando mi morada con el único fin de arrebatar lo mio.

Esta persona es una amiga que ame en aquel tiempo cuando aun no descubria mi amor propio y que hoy sigo eligiendo como amiga habiéndolo ya descubierto.

Solo cuando muchos te abandonan logras conocer el amor no fingido a través de aquel que se quedo a tu lado.

<No siempre la multitud es buena para sentirte acompañado, muchos de ellos te empujaran para desviarte de tu propósito>

En ocasiones he compartido a otros acerca de que muchas veces me he sentido como una margarita.

Margarita es una flor muy común en Argentina. Crecen en todos los jardines, y recuerdo muchas veces haber deshojado una en mis manos con aquella frase «me quiere, no me quiere. Me quiere mucho, poquito o nada».

Solíamos hacer esto cuando niñas o adolescentes sentadas en la banquina del barrio donde crecimos.

Era tan fácil creer que según el último pétalo dijera cuanto amor sentían o no por ti nuestro mundo cambiaba.

Hoy estamos así en manos de muchos que hoy te quieren mucho y mañana simplemente la luz que Dios puso en ti les molesta.

Cuando Dios me trajo al país donde pastoreo junto a mi esposo, me tocó dejar todo en aquella tierra al igual que Abraham.

No me conocen

Pero también tuve que dejar personas cerca que deseaban mantenerse lejos de mí por haber dedicado mi vida a hablar de Jesús.

Haber encontrado mi verdadera identidad trajo a mi vida convicción de quien soy y hacia donde me dirijo, no importando cuantos me conocen o cuantos niegan conocerme.

Levantarme y determinarme a dejar marca en mi generación me llevó por aquel valle que lo único real que tuve fue la mano del Padre guiando mis pasos.

Amiga, habrá momentos en el que Dios mismo permitirá que muchos se alejen de ti.

Talvez hay desilusión en tu corazón, pero tengo para decirte acerca de eso, «Si ves las hojas secas volar no llores», porque detrás de ellas vienen las hojas verdes que brotan de un árbol bien plantado. Y aunque las hojas se hayan volado y te sientas desnuda y con frío, recuerda que el viento también fue creado por Dios y que sus planes son siempre mejores que los nuestros.

> «Porque yo sé los pensamientos que tengo acerca de vosotros, dice Jehová, pensamientos de paz, y no de mal, para daros el fin que esperáis». Jeremías 29:11

Siempre que Dios te vacíe será para llenarte, y siempre que sea Dios quitando todo es porque es Dios mismo poniendo más de lo que esperas.

No sé qué tipo de abandono viviste pero aquel que te llamó por nombre ha prometido estar contigo todos los días de tu vida.

Él quiere saber de ti, pues Él te conoce y te reconoce como hija suya.

Te ha levantado y te ha dado a conocer tu verdadera identidad y cumplirá cada una de sus promesas en ti.

Debes determinarte, a pesar de quienes te conozcan o quienes nieguen conocerte, porque es a raíz de eso que tu descendencia heredará todas las riquezas que Dios ya puso a tu nombre.

De no haberme parado firme en lo que Dios me envió a hacer, no estaría yo escribiendo este libro con la única intensión de abrazar tu vida a través de Él.

Recuerdo aquel gran día en el que me tocó predicar junto a varias mujeres cuyas biografías eran impactantes.

Me desanimaba oír cuando ellas les compartían a las damas presentes en dicho congreso de donde ellas venían en cuanto a generaciones de ministerios.

Mi bisabuelo el Reverendo, mi abuelo el apóstol, mi padre el evangelista.

No sabía yo qué hacer ante tan ilustres familias ministeriales.

Siempre digo que creer en mí fue uno de los desafíos más fuertes que Dios me entregó porque salir a predicar su palabra, orar por el enfermo, levantar al caído, vendar las heridas del quebrantado de corazón... nadie me lo impartió. Tampoco nadie me lo enseñó.

No vi a nadie de mi familia hacer esto.

Creer en mí fue uno de mis más grandes logros.

Cuando llegó el tiempo de predicar su palabra no me limité a nada.

Mi esposo hizo con sus propias manos mi primer púlpito y comenzamos la obra en las ciudades y en diferentes hogares.

Muchas llegaban a oír su palabra motivadas por la oración que recibían de parte de esta servidora que las llenaba de fuerzas para continuar en su proceso.

No quiero dejar de contarte que fue lo que rompió mis límites en cuanto a la mentira del enemigo de que por no venir de generaciones de pastores no existía en mí el poder del que me enviaba.

No fue fácil determinarme a obedecer el llamado cuando nadie me había instruido en mi niñez, pero el mismo se encargó de llevarme de su mano por el camino correcto impartiendo en mi sabiduría, fuerzas y la certeza de que conquistaría cada territorio donde Él me enviaba.

Yo no vengo de familia pastoral grité ese día ante 200 mujeres.

Hubo un silencio profundo… y algunos ¡¡ohhh!!

Pero tengo hijos que pueden decir "yo vengo de familia pastoral".

Hoy tengo nietos que pueden contar que vienen de familia pastoral.

Mi valentía y mi esfuerzo fue la plataforma que me llevó hoy a ser madre de muchos.

Amando vidas y abrazándolas para la única y exclusiva Gloria de Dios.

Gloria que hoy Él exhibe en mí.

Dios hizo de mí una general de estos tiempos como me dice una dulce amiga y pastora y mi deleite es saber que Dios confía en mí.

> «Mira que te mando que te esfuerces y seas valiente; no temas ni desmayes, porque Jehová tu Dios estará contigo en dondequiera que vayas>>   Josue 1:9

¡Prepárate para la conquista!
Muchos esperan por ti. No te detengas!

Capítulo 2

UN ÁRBOL DE MANDARINAS
Creciendo en mi Huerto

«Y serás como árbol bien plantado junto a
corrientes de aguas
Que da su fruto a su tiempo,
Y su hoja no cae
Y todo lo que hace, prospera».
Salmos 1:3

En este capítulo pude encontrarme con uno de los propósitos de Dios para mi vida como adoradora.

Y a través de Él pude entender que en mi recorrido fui dirigida por aquellos «Prohibido desviarte» procesos de crecimiento.

Encontré algo más de lo que soy como hija del Rey y como respuesta a todos aquellos que hoy preguntan, ¿Quién es esta?

UN ÁRBOL DE MANDARINAS también soy en este mundo por voluntad de aquel que hizo el cielo, la tierra y también me hizo a mí en aquel mismo instante.

Árbol, el cual sin duda sé que aún tiene raíz para seguir excavando en las profundidades.

Soy un Árbol que fue creado para adorarle. Ese es el color que simboliza su Alabanza. ¡Grandioso!

Pero...«Y ¿porqué, PADRE, elegiste para mí este fruto?» le pregunté ese mismo día que me lo mostró. «Algún día y en tu tiempo lo sabrás Pequeña mía». Desde ese día existieron cambios bruscos de dirección en el Espíritu en cuanto a sus deseos para mi vida.

Déjame contarte una maravillosa experiencia que Dios me permitió vivir hace tiempo.

¿Quién es esta? Cantaban los pájaros unidos en una misma melodía dentro de esta revelación.

Mi esposo y mi hijo traían en sus manos mandarinas desde afuera hacia adentro de un pequeño apartamento, lugar donde residíamos en aquel tiempo.

Yo en mi desesperación sentía que las que traían no alcanzaban. Necesito más, muchas más.

No lograba entender qué pasaba pero yo quería más y más mandarinas dentro de mi hogar.

Afanada totalmente en la cantidad que ellos traían en sus manos, pero ese sentir iba más allá de un sentimiento de ansiedad o avaricia no era ese mi sentir.

Mi desesperación era cada vez mayor a que ellos trajeran a casa aun muchas más.

Puedo recordar como nada parecía ser suficiente. Fue tan real como que hoy estoy escribiendo este libro y encontrándole el significado a todo lo que viví.

Allí entraban mi esposo e hijo con cajas y cajas de ese fruto en sus manos.

En un momento mientras ellos iban en busca de más mandarinas, una dulce apacible e inconfundible voz atrapó toda mi atención: «Hija, Lorena, mi niña, siempre recuerda que no es la cantidad, sino la calidad con la que siembres».

Rápidamente reconocí su voz y dije, «¡Padre, eres tú!»

«¿Qué está pasando, porqué este afán de querer más y más y sobre todo de un fruto tan poco común para mí?»

«No es mi fruta preferida», le dije (Como si Dios no lo supiera).

Y Su voz salió a mi encuentro una vez más con la mejor de sus respuestas. «YO, HIJA MÍA, TE DARE CALIDAD EN CANTIDAD».

Cuando descubrí que el Padre había plasmado dentro de mí y a través de un fruto la unción de un adorador, mi vida comenzó a girar de manera contraria a todo lo que antes pensaba o simplemente esperaba.

Esto es tan solo uno de tantos tesoros escondidos que Dios usó para formarme a través de sus misterios.

El ministerio profético me ha vestido de su revelación a través de mí caminar en Dios.

Él es un Dios de tiempos y promesas.

Que Dios te hable nunca tiene que ver con ahorrarte camino que estás obligado a recorrer y que es usado para formarte.

Que Dios te hable no tiene que ver con Ya y Ahora, tiene que ver con «No caminas sola este viaje, porque yo estoy contigo. No le temas a las tormentas y a los vientos recios».

> «Cuando pases por las aguas, yo estaré contigo; y si por los ríos, no te anegarán. Cuando pases por el fuego, no te quemarás, ni la llama arderá en ti ». Isaías 43:2

Muchos hoy se preguntan, ¿cómo es que Dios ha favorecido tanto este ministerio y otros tantos de los que se preguntaron esto, ya quizá ni estén cerca de mí? ¡Y tan preocupados que estaban!

Cuando alguien quiere saber los secretos que Dios tiene para ti, debe estar dispuesto también a entender que el mismo Dios tiene un sueño propio para cada uno de ellos. De igual manera y si aún siguen con deseos de averiguarlo, esto les llevaría saber dos cosas.

Una ni yo la sé porque entiendo que todavía Dios no terminó conmigo.

Él es increíblemente sorpresivo, misterioso e interminable en caminos y amor cuando se trata de mí.

Lo segundo que debería hacer esa persona es leer cada uno de los capítulos de este Tesoro escondido que resultó ser Mi Vida.

Aquel día llegamos a un lugar hermoso en donde había cantidad de árboles rodeando un río en el que fluían fuertes corrientes de agua.

Rápidamente al llegar ahí y luego de quedar maravillada por tan hermosa presencia pude ver como todos los árboles tenían diferentes frutos pero también como todos eran del mismo tamaño, y pregunté por qué todos son del mismo alto a pesar de dar diferentes frutos.

Dios me respondió, «Así son todos mis hijos para mí, todos iguales pero cada uno alimenta mi tierra con su propio fruto».

Y me dijo, «Pon atención a esto, hija. Los árboles que están junto a las corrientes de agua tienen una raíz tan larga como pocos imaginan o ven. Su altura no está en lo natural, sino en lo espiritual. Tus raíces son las que marcan que tan fuerte y productiva eres».

Sin embargo, la altura que sí se ve es natural y no siempre mis ojos están cerca de ella...

«Porque Jehová es excelso, y atiende al humilde, mas al altivo mira de lejos».

Salmos 138:6 NTV

Muchos juzgaron mi vida desde pequeña y hasta este día.

De niña porque pensaban que lloraba por miedosa y débil cuando lo que estaba experimentado iba más allá de los que todos ellos suponían.

A muy corta edad pude sentir el dolor del prójimo muy dentro mí.

Muchos juzgaron mil veces mi debilidad cuando lo que no sabían es que era Dios manifestándose y llenándome de su fuerza.

Otros tantos juzgaron mi decisiones cuando lo que no sabían es que era Dios llevándome a caminar en su verdad aunque eso posiblemente me restara amigos.

<<Con Dios nunca restas, ni tampoco divides, porque con Dios en tu vida sumas y multiplicas>>.

Hoy muchos también juzgan lo que Dios ha puesto en mis manos; lo que no saben es que mis raíces son las que me hacen firme y dan el mejor de los frutos.

Tampoco cuan cerca Él está de mí, dándole vida y color, cada vez más a ese árbol de mandarinas que Él me reveló que yo era.

Él es quien riega mi huerto, quien abona mi tierra y da vigor a mis ramas.

Él es quien me viste de su gracia y hace brotar de mi la más exquisita fragancia.

Él es quien plantó esta mujer indetenible que no se limita en cuanto a sus sueños, dándole honra y gratitud a través de mi obediencia.

Él es simplemente el dueño de mi huerto y todos los árboles que en Él existen.

Árboles que están sumando en calidad para luego ser multiplicados en cantidad.

Él, mi amado Jesús amigo y confidente, fue quien sembró palabras en mi vida desde el vientre y cortó de raíz todas aquellas que otros también desde el vientre sembraron en maldición transformándolas en bendición a través de su gran amor por mí.

Nunca siembres en la vida de nadie una palabra si esta no va cargada de bendiciones porque todo aquello que siembras en ti o en otros tiene poder para multiplicarse.

Aprende que tu vida es un huerto y tus palabras semillas y que en su tiempo darán su fruto.

Yo por mi parte me pongo de acuerdo creyendo que soy lo que Dios dice que soy y no lo que el mundo quiere que sea.

La mayoría de los que critican tu llamado reconocen en ti el poder de aquel que te creó.

De no ser así no estarían tratando de detener tu crecimiento y desvanecer tu esencia.

Lo más bello de esta historia es que desde ese día que el Rey me llevó en el Espíritu a verme como un árbol de mandarinas y me dejó también marcada como Adoradora, me dejó con la enorme satisfacción de que fui sellada por el Espíritu Santo de promesa.

Y que no importando qué temporada azotara mis ramas, siempre habría una primavera espiritual para mi vida.

Capítulo 3

A TRAVES DE SUS OJOS

«... puestos los ojos en Jesús, el autor y
consumador de la fe».
Hebreos 12:2

El Secreto de mi fe

Meditando en este capítulo, Dios puso en mi corazón contarte acerca de creer en su palabra.

No solamente porque es lo único que no vuelve atrás vacío sin haber completado la perfecta voluntad del Padre en cuanto a todo lo que Él establece, sino también por la importancia de entender que esa palabra es sembrada por Dios en nuestra vida.

Mientras escribo puedo ver cómo Dios va uniendo un capítulo con otro y es el momento en el que te hable de la fe, pero algo más poderoso para mí es hablarte de mi fe.

Siempre he compartido de que el que tiene una palabra lo tiene todo y también he testificado que hubieron momentos en mi vida en que lo tuve todo no teniendo nada, simplemente porque tenía lo único que necesitaba: Una Palabra.

Cuando Dios decide sacarme de la tierra en la que nací y traerme a esta tierra de regreso pone en boca de un pastor una palabra profética para establecer mi destino.

Yo estaba pasando por un tiempo muy oscuro de mi vida en el que el valle de la depresión me había tomado cautiva a causa de diferentes situaciones vividas desde pequeña.

Creo que ver salir a mi padre de un largo pasillo cada sábado hasta la hora que sonara el timbre anunciando el regreso a su celda, separarme involuntariamente de personas que amaba, dormir en la galería de un convento y llorar cada noche anhelando la vida normal de una niña de seis años, causo en mi muchas heridas emocionales.

Las llamas del fuego que prendieron la pequeña y carenciada casita en la que mi madre intentaba criarnos no lograron arder en mi, pero crearon una gran llaga en mi corazón, causando un efecto irremediable en mi mente y años después sacudiendo todos mis sentidos

Recuerdo lograr escapar por una reducida ventanita.

Mi hermana mayor (8) me dio la prioridad de salir yo primero porque era la mas pequeña (6).

La puerta del frente tenía un candado por fuera. candado que ponía mi madre para ir a trabajar, dejando dos niñas pequeñas adentro. En aquella misma cárcel que fui engendrada pasé parte de mi niñez jugando en ese patio con niños que vivían y sentían lo mismo que yo.

En ese convento y esa misma galería fueron varias las noches que amanecí en ese piso frío muchas veces orinada.

Solamente durmiendo yo en esa galería aquella monjita podía dormir toda la noche(Mis sollozos de angustia le molestaban).

Ya había existido un fuego dentro de la casa ¡era determinante!

No podíamos quedarnos más encerradas en un cuarto, así es que el convento era una mejor opción.

Puedo recordar claramente como tuve mi primer encuentro con Dios en ese pasillo frío y oscuro en el que prácticamente ya era una rutina para mi poder ver el amanecer tras un vidrio grande y alto frente a mí pero no antes de ver posarse los murciélagos en el mismo vidrio durante toda la noche.

¿Siete años de edad (cumplidos dentro de ese lugar) y ya experimentar un encuentro con Dios? ¿No es eso grandioso?

Lógicamente cuando Dios llegó a mi vida y con esa palabra mi mundo ya estaba en pedazos.

Reservándome otras duras etapas de mi historia para otros capítulos paso a compartirte lo que para mí fue una palabra de Dios y cómo pasé de no tener nada a tenerlo todo.

Estábamos mis dos hijos pequeños y yo en la quinta fila de una iglesia cuando ese pastor se acerca a mí y comienza a ministrar a mi corazón.

Te enviaré a la tierra del norte para que edifiques.
Bendita será tu entrada y bendita tu salida.
Enviaré mis ángeles por ti para que te guíen en todo tu camino.
Deja tu tierra y vete a la tierra que yo te mostrare.

Dios, conociendo mi corazón, no me pidió dejar mi parentela, pues lo único que tenía eran mis hijos y durante una de aquellas largas noches en el convento prometí nunca abandonarlos verdaderamente, ¿con siete años pensando en los hijos que Él pondría en mis manos? Sí, eso es tan real como que Dios no me pediría nada que rompiera mi voto con el.

Inmediatamente terminado de profetizarme, sentí el poder de Dios tocando cada parte de mi ser y llenándome de una fuerza única jamás antes experimentada.

La tierra donde Dios quería ponerme a edificar era una tierra que rechazaba mi origen y limitaba mi entrada.

Tierra que había visitado aun antes de haber sido impartida por esa palabra y que no abrió sus brazos para acunarme.

En ese momento y bajo estas condiciones la reacción más normal sería negarme a recibir esa palabra.

¿Cómo podría yo entrar en una tierra que no me abría sus puertas?

Al finalizar el servicio de ese día, pedí hablar con el mismo pastor que ministró minutos antes mi vida. Después de varios minutos esperando que me atendiera Él llegó a esa librería donde me pidieron que aguardara allí l con un gesto que no aseguraba que pudiera atenderme en ese momento.

Finalmente llegó ahí y cuando llegó le dije: «Usted no sabe a quién le ha dado esa palabra. Yo lo mandé a llamar para que usted orara por mí y mis hijos porque yo he recibido esa palabra para mi vida y no solamente voy a creerla, sino que también caminaré sobre ella».

Desde ese día y tan pronto como tres meses llegué a ese país y hoy me encuentro escribiendo un libro para bendecir tu vida a través de mi testimonio.

Pasé lo que muchos pasaron para lograr estabilizarse con mis niños.

Me negaron casa y abrigo entre otras cosas, pero lo cierto es que Dios nunca soltó mi mano.

Aquella depresión continuaba aun caminando bajo esa promesa. Recuerdo haberte contado que mi aire se pagaba cuando otros gozaban de él totalmente gratis.

También hubo decenas de veces que recibí oración y aun asi podía sentir cada vez mas esa opresión queriendo matarme.

No fue sino hasta que me auto liberé que recibí la completa paz que sobrepasa todo entendimiento.

Fue un día miércoles y a las tres de la madrugada. Estaba a los pies de la cama donde dormía junto a mi pequeña hija.

Fue cuando volví a tener mi segundo gran encuentro con Dios. Esta vez tenía treinta años.

No te estoy diciendo que recibí a Jesús en mi corazón esa noche. Te estoy hablando de un encuentro con Él.

Esa noche le reclamé al Señor:«Por qué me permites pasar estas cosas?¿Por qué permites que el aire me falte? ¿Por qué permites que no encuentre paz, por qué, Dios, porque?

»Prometiste traerme a una tierra guardada por tus ángeles. Te creí y he sido valiente.

»Me he esforzado pero siento desfallecer, ¡ya no puedo más! ¿Qué quieres de mí?»

Y respondió su inconfundible y potente voz tras mi queja y mi quebranto.

«Sí, es verdad que has creído en mí, has sido fuerte y valiente, te has esforzado pero te has olvidado de algo>>

»Yo te prometí mi protección en este viaje y también cumplí.

»Prometí bendecir tu entrada y así lo hice.

»Pero tú te estás olvidando de algo más que te envié a hacer en esta tierra y no me estás entregando».

Le pregunté: «¿A qué te refieres? ¿Qué más quieres de mí?»

«Te dije que te enviaba a esta tierra a edificar y no lo estás haciendo».

«¿Cómo quieres que edifique? Yo no entiendo tus misterios, ayúdame a entenderlos para que pueda ser libre de esta depresión. ¡Quiero vivir, necesito la vida para cuidar de mis hijos!

»Jamás intenté quitarme la vida, ¿por qué permites que el enemigo me la arrebate?

«¡No me desconozcas Señor!», clamé esa noche.

«Antes que te formase en el vientre te
conocí, y antes que nacieses te santifiqué,
te di por profeta a las naciones.

Mira que te he puesto en este día sobre
naciones y sobre reinos, para arrancar y
para destruir, para arruinar y para derribar,
para edificar y para plantar».

Jeremías 1:5,10

«Comienza a arrancar y destruir para que puedas edificar y plantar», me dijo el Señor.

Querida amiga, desde aquella misma noche mi respuesta al Padre Eterno fue: «Comenzaré a hablar de ti dondequiera que vaya y muchos te conocerán por medio de mi boca, pero también a partir de este mismo instante no tomaré ni un medicamento más para tratar esta depresión».

Recuerdo los médicos advertirme:«Jamás dejes de tomar tus medicinas ni abandones tu tratamiento, porque eso sería fatal y ocasionaría peores daños».

Y también recuerdo haber tirado al inodoro del baño esa misma noche todas y cada una de esas medicinas.

Le dije:«Yo hablaré de ti y edificaré desde hoy pero también desde hoy tú sanas mi mente, mi corazón y mi alma».

Hasta este día jamás necesité de medicinas para poder respirar. Él se convirtió en mi aire.

Yo decidí creer y entendí que una palabra suya era todo lo que necesitaba para vivir.

Jamás me detuve, y tengo para contarte que desde ese mismo amanecer fui a trabajar y comencé a hablar de Jesús.

El sanó mis heridas con su bálsamo de amor y yo he edificado mucho más de lo que yo misma imaginé.

Creer en su palabra no es otra cosa que el cumplimiento de sus promesas.

Yo te invito en este día a que si tienes una palabra puedas declarar que lo tienes todo.

Jamás dudes de su respaldo cuando Él te llama porque Dios está a punto de sorprenderte.

Muchos quieren oír palabra profética pero pocos se animan a caminar en ella.

Muchos están creyendo que Dios va a hacerlo pero pocos creen que ya Él lo hizo.

Luego de recibir mi completa sanidad me bauticé y recibí el perdón de pecados.

Aquella iglesia donde fui bautizada es una iglesia muy grande y hermosa conocida por muchos y fue el lugar que Dios eligió para mi bautismo.

Recuerdo que eran varias iglesias unidas esperando lo mismo que yo.

Dos hombres de Dios los cuales no me conocían ni yo a ellos fueron los encargados de bautizarme.

Uno de ellos me dijo antes de sumergirme en las aguas:«Mírame a los ojos que Jesús va a hablarte.

»Dice El Señor miles de personas esperan por ti.

»Predicaras mi palabra con una unción única y fresca.

»Orarás por los enfermos y sanarán, cadenas serán rotas en multitudes a través de tu cuidado y tu pasión por las almas.

»No te detengas porque hay fuego en tus manos», me dijo el Espíritu Santo de Dios. Y así fue que aprendí a mirar a través de sus ojos y Él se convirtió en el secreto de mi fe.

Capítulo 4

LOS PRINCIPES SI EXISTEN

«El amor es paciente, es bondadoso. El amor no es envidioso ni jactancioso ni orgulloso. No se comporta con rudeza, no es egoísta, no se enoja fácilmente, no guarda rencor. El amor no se deleita en la maldad sino que se regocija con la verdad. Todo lo disculpa, todo lo cree, todo lo espera, todo lo soporta.
El amor jamás se extingue
1 Corintios 13:4–8

Juntos Y de Acuerdo.

Que deleite para mí escribir acerca de mi historia de amor.

Que privilegiada he sido por Dios al unir mi vida a este varón tan único y maravilloso.

Esta es sin duda la parte más fuerte de este libro en cuanto a lo personal.

Le pedí al Espíritu Santo que Él fuera quien escribiera cada palabra y entiendo que mientras Él va dándole forma a este tan anhelado libro recorrerás con tus ojos cada página dejándote la fuerte necesidad de saber que más y ¿Quién más es esta?

Si hay algo que me apasiona contarte es que soy todo lo contrario a todo lo que dicen aquellos que no creen en mí y que de ser por ellos el mundo se hubiese acabado ya sin ellos haber hecho nada para llevar salvación a los hogares, las familias y sus generaciones.

Nunca olvidaré la frase de una hija espiritual decirme el problema es que ellos no creen en usted pastora.

Esas palabras no hirieron mi corazón, sino que lo fortalecieron aún más.

Van a ver palabras o pensamientos de otros hacia ti que serán usados para confirmar cuanto Dios te ama y cuan lejos te va a llevar.

Cada persona que con su actitud o difamación en cuanto a mi persona expresa su parecer hacia mí me lleva más alto a la perfecta voluntad del Padre en cuanto a lo que Él ya estableció.

Ellos tratan de herirme con su mensaje y Dios los está usando para exhibir su gloria en mí.

Casi puedo decirte que son mi grupo favorito y son vitales para mi ministerio.

«Muchos no creerán en ti», me dijo El Señor cuando comencé a caminar en su llamado. «Pero serán muchos más los que sanaran a través de tus abrazos».

El amor es Paciente

Aquí entra en mi historia mi amado esposo, aquel que robó mi corazón desde el primer día que Dios cruzó nuestro camino para encontrarnos.

Aquel que entraba con cajas y cajas de mandarinas en aquella revelación que Dios me mostró y que ya compartí contigo en ese capítulo.

¡Aquel que es el protagonista de mi propio cuento de princesas dejándome la certeza de que Dios usaba su vida para convencerme que los príncipes sí existen!

Hemos aprendido a confiar tanto en el otro como en nosotros mismos y hemos formado un excelente equipo juntos y de acuerdo.

El pasaje bíblico que da inicio a este capítulo es la esencia de nuestra unión pero quiero presentarte nuestro matrimonio tomando como referencia cada uno de estos versos que Dios usó para cubrir nuestro matrimonio.

Tengo una real convicción en cuanto a saber diferenciar cuando una crisis o un ataque que llegan a tu vida causando en ti las heridas más profundas que jamás imaginaste a circunstancias vividas a través de decisiones que tú misma tomaste.

Creo tener una perspectiva clara y a conciencia acerca de aquellos errores cometidos que traerán a tu vida ataduras de alto rango.

Este capítulo no está basado en aquello que te gustaría leer quizás, pero la realidad es que de no haber aprobado Jesús mi integridad de corazón jamás podría usarme para ministrar vidas.

Adquirir el don de no ser paciente no tiene que ver contigo, sino con lo que hicieron de ti.

Hay una necesidad inmensa en mi corazón de llegar a ministrar a matrimonios en cuanto la importancia de crear relaciones sanas que por consiguiente puedan formar matrimonios, familias, iglesias y generaciones sanas en la sociedad. Tristemente pocos se han determinado a cambiar su generación a raíz de las iniquidades en sus descendientes pasados.

El no ser paciente,—pero sobre todo el no clamar perdón ante Dios por las iniquidades de tus antepasados—, llena el mundo de lo que hoy vemos y de lo que yo misma experimenté en mi vida.

La iniquidad es una raíz de herencia y el pecado el futo de esa herencia.

No ser paciente me llevó a traer dos hermosos hijos a la vida.

Los hijos correctos en el tiempo equivocado.

Pero dos hijos que adquirieron la herencia a causa a decisiones tomadas debido a mi ignorancia espiritual.

Una herencia que tuve que destronar en mi generación de renunciar a todo beneficio que el gobernante de este mundo quería entregarme.

Ser paciente no es otra cosa que saber esperar.

El problema en este siglo es que a raíz de lo que recibimos o no de nuestras generaciones anteriores y puntualmente de nuestros padres en cuanto a lo que hicieron en nosotros a raíz de la crianza puede verse reflejado en fracasos que quedaran como patrones de vida en muchas familias.

Mi experiencia vivida puede testificarte acerca de esto.

Lo maravilloso de mi historia es que a pesar de haber atravesado tantos desiertos, Dios ya tenía preparado un pozo de agua para saciar mi cansada alma.

Viene a mi mente Agar, esta mujer usada para satisfacer necesidades ajenas.

Me pregunto, ¿será que Agar era feliz?

¿Será que alguna vez se sintió amada? ¿Valorada, respetada?

Desde la creación existen familias que han ido dejando herencia espiritual a sus generaciones y que no estuvieron basadas en amor paciente.

Muchas mujeres como Agar no encontraron su verdadera felicidad y completa plenitud en sus diferentes etapas como hijas, esposas y como madres.

Mujeres como Agar, muchas de ellas extranjeras, siguen esclavas en tierras ajenas luchando por una vida mejor para sus hijos sin determinarse a amarse a ellas mismas.

Génesis 16 es el reflejo de situaciones reales hoy para tantas mujeres que no han logrado encontrarse reconociendo el valor que tienen como obras del Creador de todo.

Existen muchas aún tratando de encontrarle valor a su vida cuando el valor ya está en ellas y solo toca descubrir cuan alto es.

Yo fui una Agar en cuanto a muchos puntos que el enemigo usó para herir mi vida y la de mi descendencia. Pero al igual que Agar, Dios tenía preparado un ***«Beer Lajai Roi»***(«Pozo del que Vive y me ve».) en mis desiertos.

Desiertos que también tuve que caminar junto a mis hijos porque no fue solo uno.

Pero doy gloria a Jesús que en cuanto bebí de esa agua pude reconocer mi esencia, mi valor y entender que Aquel que vive hoy en mí jamás de mí apartó sus ojos.

> «Te haré entender, y te enseñaré el camino en que debes andar; Sobre ti fijaré mis ojos». Salmos 32:8

EL AMOR ES BONDADOSO

Muchas fueron las oportunidades en las que se cruzaron nuestras vidas pero no logramos vernos, y aunque mi esposo dice que él sí lograba verme a mí lo cierto es que la desilusión tocó con tanta violencia mi vida que mis ojos no podían ver el verdadero color del amor.

Yo trabajé muchos años en un supermercado latino, lugar que él frecuentaba pero pasaron muchos años para que yo pudiera reconocer aquel regalo de Dios.

Fue una tarde de primavera en la que nuestras vidas se conectaron de la manera más inusual que pudiera haber existido antes en mi vida.

Tiempo después de haber experimentado la libertad y tras esa oscura depresión.

Recuerdo que había cerrado mi corazón al amor y me congregaba en una iglesia en donde en medio de una maravillosa presencia y una palabra que removió todos los anhelos y expectativa que una mujer pueda tener para su matrimonio, Dios habló a mi corazón diciéndome a través de su palabra.

Fue exactamente en la cita bíblica de este capitulo que Dios hablo a mi corazón.:«Por qué si el amor no deja de ser yo estoy tan cerrada a recibirlo Dios?».

«recuerdo tocar el lugar vacio a mi lado derecho y decirle al Padre, solo y únicamente si el hombre que quiera conquistar mi corazón llega a este lugar aquí a mi lado y adorara tu nombre junto a mi podré entender que el amor no deja de ser».

Lógicamente yo estaba hablando a través de las heridas abiertas guardadas en mi corazón.

Corazón que no me enseñaron a guardar porque era fuente de vida.

En ese tiempo el único amor que permanecía vivo en mí era el amor de madre.

Pero ese domingo la palabra fue dirigida al amor en un matrimonio y recuerdo muy bien que ese sermón fue basado en el día de los enamorados.

Salí de ese servicio atónita, comparándo lo que había escuchado con lo que había vivido.

Pero entendiendo que si Dios había tocado mi corazón con esa palabra era porque pronto llegaría también con algo nuevo.

Algo que mi mente no añoraba ni lo esperaba pero mi corazón abrazaba esa promesa con esperanza.

En mi caminar con Dios Él me ha llenado de sorpresas tras ir descubriendo quien soy en Él y para Él.

He aprendido a oír vientos de favor y a diferenciarlos de los recios que tantas veces azotaron mi vida.

Y como en tantas otras oportunidades ese fue un tiempo en el cual pude sentir acompañado de ese viento de favor una fragancia de paz y esperanza rodeando mi vida.

Mes de marzo de ese mismo año marca un nuevo rumbo para mí en el que espiritualmente me despido de un invierno espiritual y todo mi ser abraza una nueva temporada.

El tiempo de la canción estaba asomándose para esa niña mujer que pasó de no saber de donde realmente venía a la convicción de saber hacia donde se dirigía.

Una melodía espiritual adornaba los aires entonando...

«Se han mostrado las flores en la tierra, El tiempo de la canción ha venido».

Cantares 2:12

Por primera vez y en lo que la memoria me permitía pude ver esas flores alrededor embellecer mi camino como jamás antes.

Mi amor estaba llegando y mientras más me enamoraba de Jesús y su Santo Espíritu, más se llenaba mi fe de certeza.

Ya no pensaba en cerrarle la puerta al amor, tampoco lo buscaba, simplemente esperaba un nuevo cumplimiento de Dios a sus promesas para mi vida.

Cuando Pastor Marcelo llegó a mi vida esas flores desprendieron la más exquisitas fragancias, los pájaros entonaron las más hermosas canciones y las fuertes lluvias de ese verano fueron las tormentas más maravillosas de mi vida.

Dios me mostró cuan diferente puede ser una tormenta en el tiempo y con la persona correcta.

Recuerdo que hablamos tanto en esas conversaciones por teléfono que no necesité estar cerca para sentirlo mío.

¡Ciertamente ya para ese tiempo había llegado mi amor!

Llegar a casa con helado en sus manos.

Correr a una farmacia para calmarme un dolor de muela.

Comprarme un masajeador para mis pies cansados.

Enseñarme a usar una tarjeta de débito.

Restaurar un apartamento completo con la única intención de bendecirme.

En medio de tanto egoísmo y abuso vivido fueron llenando mi corazón de fuerzas nuevas para amar.

Nunca olvidaré aquel sábado cuando salí de mi trabajo en mi hora de almuerzo porque el pequeño sótano donde vivía se había inundado de agua.

Que sensación tan triste viví ese sábado cuando al regresar a mi labor para concluir las próximas cuatro horas finales mis lágrimas me acompañaron todo el camino de regreso.

Pensaba y le preguntaba al Señor cuanto más tendría que pasar para establecerme.

Ponché mi tarjeta de entrada con una gran angustia en mi corazón.

Parece que la vida empezó a sonreírme y había abierto mi corazón a ese amor que no deja de ser, pero al final del día me encontraba con una realidad mayor.

Madre de dos hijos viviendo tiempos de mucha necesidad.

Ese mismo día al finalizar mi jornada de trabajo mi esposo que aún era solo un buen amigo llegó por mí al trabajo.

Mi corazón se regocijaba al verlo pero lo que viví ese medio día terminó de apocar mis ganas de compartir con nadie y tristemente incluido él.

«Necesito que me acompañes a un lugar», me dijo.

«No puedo, tengo algo muy importante que resolver por el bienestar de mis hijos».

Sentia Vergüenza contarle lo que estaba viviendo.

«Señor, tu palabra dice que nada me faltara porque tu eres mi pastor. permíteme darle un hogar digno a mis hijos, expresaban mis sollozos en medio del disimulo y la angustia limpiando el desastre.

De repente siento que golpean mi puerta, y pensé que era el arrendador.

Para mi sorpresa, ¿quién crees tú que era?

Acertaste. ¡Era mi amor!

De inmediato me invadió una convicción de no querer dejarlo entrar que hasta incomodidad me provocó.

«No puedo atenderte, estoy en una emergencia y no respetaste mi espacio», le dije molesta.

«Vine a buscarlos a los tres» me dijo.

«Solamente vengan conmigo y yo mismo te ayudaré a terminar con cualquier urgencia que tengas».

¿Cuántas saben que con dos jovencitos camino a su etapa adolescente no se puede remar en contra de esa corriente de emociones?

«Vamos mamá», me decían los niños.

Les aseguro que por mi mente no pasaba absolutamente nada que me diera sospecha de lo que podía estar pasando.

Yo lo había visitado varias veces mientras él reparaba un apartamento más en aquel edificio donde prestó servicios dieciséis años como encargado de mantenimiento. ese era uno de los dos trabajos que tenia.

En estas visitas lo veía reparar departamentos para que se desocupaban para volverlos a rentar.

Para mí visitarlo y tomarnos unos mates como a los argentinos nos gusta era pasar un buen tiempo de calidad junto él y poder valorarlo más cada día como un hombre esforzado.

Me asombraba ver el amor con el que hacía las cosas.

Habían detalles en el que me atraían tanto! Era casi inexplicable la dedicación con lo que trabajaba. Y si...hoy me sigue sorprendiendo!

Llegamos a ese edificio ese día, yo pensaba seguro nos cocinó y quiere agasajarnos.

Que buen gesto y yo tan mal que lo traté.

Nos abrió la puerta y comenzó a subir las escaleras del edificio. «Vamos a su apartamento», pensé. Él vivía en el tercer piso.

De repente se detiene en el segundo piso y abre la puerta de uno de los apartamentos donde yo lo vi trabajar con tanto amor y dedicación.

«Les gusta cómo quedo?»

Lo había pintado y cambiado los pisos, entre otros detalles más.

«Sí quedó hermoso», le dijimos muy bonito.

«*Wow*», decían mis niños, paseando por el apto y recordando que teníamos que volver a ese lugar en el cual dejamos aquel desastre sin resolver.

«Es para ustedes», nos dijo y puso una llave en mis manos. «No tienes que preocuparte por nada. Hay tres meses pagos y de aquí a allá sé que ya estarás en una mejor situación».

Queridas amigas que leen mi historia.

Cuando Dios me dio la orden de escribir un libro peleé mucho con Él al respecto.

¿Qué voy a contar yo en un libro si mi vida pasada no es para nada motivadora?

Hoy estoy escribiéndote entre otros capítulos la historia de mi amor.

Entiendo que puedo levantar tu vida a través de mi historia.

Marcelo, hoy mi esposo, fue el único hombre que se acercó a mí por amor real demostrando un amor bondadoso.

«No tienes que sentir presión», me dijo, «ni pensar que quiero caminar más rápido en esta relación, recuerda yo vivo en el tercer piso si me necesitas».

La felicidad de mis hijos era impagable y yo quedé totalmente inmóvil con la sorpresa.

Recuerdo que nos mudamos ese mismo sábado y ciertamente él cumplio su palabra de ayudarme a resolver mi urgencia.

Este es solo el comienzo de esta historia de amor que hoy nueve años atrás Dios me envió para abrazar mi vida.

Con él no solo aprendí que el amor es paciente, sino también que el amor es bondadoso.

Hasta este día ese amor es hasta que la muerte nos separe.

Nos casamos un año después, pero ¡no antes de que él fuera a esa iglesia conmigo a adorar al Rey! Tal y como se lo había yo declarado a Dios.

Hasta este día me ha amado, respetado, valorado y consentido.

Es el dueño de todas mis canciones de amor y a quien Dios usa para mostrarme su gran amor por mí cada día.

Tú me preguntarás, «Ya lograste todos tus sueños tus metas. Es perfecta tu vida?».

Te respondo con aquel poderoso pasaje bíblico que el apóstol Pablo nos comparte en la palabra.

> «Hermanos, yo mismo no pretendo haberlo ya alcanzado; pero una cosa hago: olvidando ciertamente lo que queda atrás, y extendiéndome a lo que está delante».
>
> Filipenses 3:13

A su lado olvidé todo lo que quedó atrás de mí y de su mano nos extendemos juntos a lo que está delante nuestro.

Juntos y a la par

En esta segunda parte Dios me ha dirigido que te comparta de mi matrimonio y voy a compartirte acerca de nuestro diario vivir como pastores.

Entender que caminar juntos no alcanza cuando no lo hacemos en acuerdo es uno de nuestros valores primordiales en nuestra familia, matrimonio y ministerio.

La Palabra de Dios nos enseña que es bueno habitar juntos pero no sirve la compañía si no hay armonía.

Esta armonía de la que Dios habla ha sido la plataforma de todos nuestros proyectos y decisiones.

Cuando Dios impartió de su fuego en mí para predicar su palabra no lo hubiese logrado sin el incondicional apoyo de mi esposo.

Recuerdo como me hizo con sus propias manos y con el amor que lo caracteriza aquel primer púlpito.

Me acompañó a cada ciudad donde me tocaba llevar una enseñanza y en donde siempre había mujeres sedientas por un refrigerio espiritual.

Después que Dios me sanó, mi pasión por hablar de Jesús creció cada día más y donde quiera que Él me lleva hasta este día su presencia y su gracia han ido conmigo.

Comenzé predicando en las ciudades y llevando restauración en el nombre de Jesús a cada vida que Él ponía en mis manos bajo un manto de sanidad y liberación para cientos de mujeres en diferentes ciudades.

Me sentía realmente cómoda y agradecida por la confianza que Dios había puesto en mis manos.

Comenzamos a estudiar juntos con mi esposo porque sentía la necesidad de formarme aún más.

No venir de familia de ministros ni haber sido criada en el evangelio fueron motivos claves para querer aprender más de lo que Dios me había confiado.

Mi esposo aunque tenía sus dos trabajos sacó un tiempo y decidió estudiar conmigo.

Lo que él no sabía es que pronto Dios lo sorprenderia.

Una noche Dios le habló diciéndole que debía levantar un arca con sus manos y que Él enviaría las personas de dos en dos para que entraran en ella.
Y le dio esta palabra para respaldar su llamado.

«Jehová el Señor me dio lengua de sabios, para saber hablar palabras al cansado; despertará mañana tras mañana, despertará mi oído para que oiga como los sabios».

Isaías50:4

Mi esposo buscando confirmación no me contó tan pronto a cerca de esto pero Dios no tardó en revelármelo y en mi tiempo de oración esa misma semana me dijo.
«He llamado a tu esposo al pastorado»,me dijo El Señor. «¡Acompáñalo!»
Era una madrugada 3:30 a.m, y me dirigí desde la sala hacia nuestro cuarto y mi esposo dormía plácidamente. «¿A mi esposo?»le dije? «¿Estás seguro, Dios?».
Marcelo pensaba que él estaba cursando las materias de teología y con todo ese cansancio que traía con sus dos trabajos solo por acompañarme.
Pero Dios tenía otros planes acerca de él.
Siempre sus planes son mejores a los nuestros y Él lo afirma en su palabra.
Así fue como decidimos terminar nuestros estudios teológicos tras mucho esfuerzo y dedicación.
Había días en los que realmente las fuerzas de Dios en nosotros pudieron con tanto.
Dios había prometido estar con nosotros donde quiera que fuésemos pero nosotros debíamos ser fuertes y valientes.

Pastorear no ha sido una tarea fácil para nosotros pero sí es muy agradable.

Si tú que lees este libro eres un pastor o tienes el llamado y estás en la transición del «heme aquí», sabrás que Dios te llamó y te aseguró que no sería fácil, pero sí te dijo que sería posible.

Todas las cosas son posibles para aquel que te llamó desde el vientre de tu madre.

Hemos abrazado multitudes de vidas y familias enteras y hemos llevado a los pies de Cristo a cada una de esas personas desde el día que fuimos ordenados y ungidos para esta tarea.

El abandono, la traición, el desvelo, el dolor, son algunos de los montes que nos ha tocado mover en fe para continuar camino.

Pero también hemos podido ver familias transformadas y sanas para poder servirle al Señor y llevar una vida en calidad con Cristo.

Ser sanos para servir es un requisito fundamental en Ministerio Abrazando Vidas. Este es el nombre de la congregación que pastoreamos con el corazón.

Hemos escrito nuestra visión para que todo aquel que la lea corra en ella junto a nosotros y en el mismo acuerdo.

Transformando un hogar a la vez.

Conquistando ciudades para el Reino.

Alcanzando naciones a través del amor de Dios.

Y es muy grato para mí pastorear de la mano de Pastor Marcelo Vázquez, quien demuestra su amor y compromiso con pasión y verdadera entrega.

Hemos caminado juntos y a la par en cada camino que Dios nos ha marcado y bajo esa unidad y ese acuerdo impartimos familias enteras para caminar en igualdad.

Juntos y a la par con mi amor pude también descubrir que el amor no se deleita en la maldad, sino que se regocija con la verdad. Todo lo disculpa, todo lo cree, todo lo espera, todo lo soporta.

Muchos se alejaron de nosotros por ser protagonistas de un sueño de Dios hecho realidad.

Pero podemos ver la mano de ese mismo Dios levantándonos cada día. Sabemos que son más los que están con nosotros que los que están en contra.

Nunca dejes de hacer algo que Dios te pida por temor a perder relaciones con personas que no creen en ti.

Porque aquellos que creen en ti te empujarán hacia el cumplimiento de todas y cada una de las promesas de Dios para tu vida. Pero los que no creen te paralizan y te detienen.

Hoy este amor que Dios me regalo no solo es el mejor de los esposos ante mis ojos Si no el mejor Padre que mis hijos pudieran haber tenido y un abuelo fuera de serie.

A su lado soy inmensamente feliz.

Para mí fue un honor poder compartir contigo sobre mi matrimonio.

Sé que no es casualidad que hayas obtenido este libro.

Es mi oración ante el Padre que seas fortalecida y ministrada a través de esta lectura y poder impartir tu corazón de certeza y convicción que ¡Los Príncipes si existen!

Capítulo 5

VESTIDA DE HERMOSURA

> «Oye, hija, y mira, e inclina tu oído
> Olvida tu pueblo, y la casa de tu padre
> Y deseará el rey tu hermosura;
> E inclínate a él, porque él es tu señor».
> Salmos 45:10–11.

Mi Vestido Azul.

Tengo una muñeca vestida de azul con su camiseta y su canesú...

Mis sentimientos se encuentran al recordar esta canción de cuna que me cantabas cuando niña.

Hoy por la mañana pensaba qué capítulo escribir en este día y fue a las 4.30 p.m. de este 10 de agosto que recibo la noticia que El Señor vino por ti Abuela y decidí escribir de ti.

Mis abuelos fueron para mí muy especiales. Ellos marcaron mi vida con todo lo bueno que hoy puedo llegar a ser.

Esas fueron mis palabras cuando hablé con ella días atrás donde Dios en su inmenso amor nos permite despedirnos.

Vestida de Hermosura nace desde ese lado de mi niñez en la que fui muy feliz junto a ellos mientras me lo permitieran.

Mi madre me dejó a cuidado de ellos con pocos días de nacida y cuando regresó ellos se habían convertido en mi vida entera.

Pero basado en los tantos malos entendidos y competencia entre nuera y suegro, como es de esperarse, esa realidad no terminó muy bien.

Aún recuerdo cómo sufría cuando venían por mí. Simplemente por querer estar con quienes me habían cuidado. No queria separarme de ellos.

Solía esconderme dentro de las grandes ollas que usaba la abuela para cocinar los más exquisitos platos.

¿Dónde estaban los abuelos cuando me internaban en aquel convento? Sufriendo al igual que yo nuestra separación porque así lo determinaba mi madre y ambas partes debíamos someternos a su decisión.

Siempre he dicho que mi madre me dio más de lo que ella recibió en su niñez y para lo que ella recibió, créanme, fue excelente en todo.

Pero lo que hoy puede ver una mujer de cuarenta no podía verlo una niña de tres años.

Tengo una relación buena con mi madre basada en amor y respeto.

Pero mi historia tiene secretos escondidos muy bien guardados que están puestos allí por Dios para ministrar a vidas y ese es el motivo principal de este libro. Porque cada uno de esos detalles que quizá yo intenté guardar es lo que tú o alguien más necesita oír para sanar su corazón.

Pero fundamentalmente no es la historia que me gustaría contarte lo que me hace diferente, sino mi historia.

Oír a la abuela despedirse de mí con el mismo amor que me acuno desde niña me hizo entender que nunca dejé de ser su muñequita preciosa como ella me llamaba.

Así y junto a los vestidos más bellos del mundo que ellos me mandaban a coser nace vestida de Hermosura.

Hoy vestida de Hermosura es el evento que tenemos para cientos de mujeres cada año en donde una Cita con el Rey es todo lo que necesitamos para vestirnos de gala.

Y así como tú y yo no dejamos de ser aquellas niñas amadas y consentidas por nuestros padres o abuelos, así mismo y de manera eterna somos para nuestro Padre celestial. Siempre seremos Sus muñequitas preciosas, ¡y la niña de sus ojos!

Al pasar los años Dios nos sigue revistiendo de su belleza y su gracia pero también a algunas de nosotras nos va llevando a lugares establecidos por Él para llevar su luz a las naciones para que más mujeres y familias enteras le conozcan y puedan revestirse de su amor.

VESTIDOS HEREDADOS.

Cuantas de nosotras anduvimos vestidas con ropas de mamá o de la abuela.

Muchas de nosotras contentas porque nos recordaba a ellas y otras tantas de nosotras reviviendo a través de esas ropas momentos que no quisiéramos volver a pasar y que la memoria intenta una y otra vez recordarnos.

Quizá con esas ropas vienen a tu mente los mejores momentos de tu niñez como también vienen aquellos que entristecen tu corazón.

Lógicamente no es lo mismo recordar a nuestros seres amados felices y plenos que recordarlos infelices y desdichados.

Lo cierto es que así como en lo natural nuestras emociones hablan a nuestra vida edificándola o derrumbándola. Así también en lo espiritual nuestras vestiduras heredadas nos edifican o nos derrumban.

Aquellas que se identifican conmigo son justamente a las que Dios les encomendó un viaje en busca de vestidos heredados.

Dejando la total seguridad que hay herencia y vestidos reales en una tierra diferente.

Este capítulo hace referencia a nuestras vestiduras espirituales que son las que opacan nuestra verdadera belleza.

Cuando vives en Egipto todo lo que haces y portas deja una enorme sensación de opresión que tiene poder para traspasar herencia a nuestras generaciones. Y aunque muchas de nosotras no entendimos el porqué de este viaje, hoy puedo compartirte que detrás de esta aventura existe la provisión de un Padre Amoroso que ya suplió todo lo que necesitas para el camino a este encuentro inesperado que cambiará tu vida y generación.

Pero la clave para conservar tu hermosura en este viaje es tú obediencia.

Siempre que Él nos pide que inclinemos nuestro oído es porque va a pedirnos algo que nos cuesta hacer. Y yo acerca de eso he aprendido bastante.

De no haber obedecido hubiera podido ver a la abuela viva y compartir con ella sus últimos años de vida.

Pero haber obedecido me asegura que disfrutaré con ella la vida eterna y que mis vestidos permanecerán intactos.

No fue fácil dejar mi tierra e ir en busca de un Padre que no conocía.

Como tampoco es fácil enfrentar momentos en donde la partida de un ser querido invaden tu mente, diciendo, «¡Cuánto tiempo perdido!»,pero como sus pensamientos y los nuestros no son iguales yo decido creer que los suyos son mejores.

Cuando Dios te dice:«Oye, hija mía, mira, e inclina tu oído», te está diciendo: «Quiero que escuches acerca de mis secretos escondidos porque te daré claves para encontrarlos. Quiero que logres ver más allá y todo cuanto yo quiera mostrarte. Quiero darte revelación en todo tiempo y lugar. Y para eso debes salir de tierra y tu parentela. Talvez eres de las que piensas,"¿porque tengo que salir de mi tierra y dejarlo todo?"».

Esa respuesta llegó a mi vida cuando entendí que al igual que Abraham Dios me había escogido como madre de multitudes, y como madre de esas multitudes, mi herencia debía ser totalmente diferente a la que el mundo tenia para mí. Por lo tanto, si a ti te ha tocado dejar la tierra de tu comodidad tengo para decirte que Dios no solo va a ensanchar tu territorio, sino que te dará ojos que logren ver alineados a su Espíritu para lograr ver más allá de lo que hasta hoy tus ojos naturales alcanzaron ver.

Dios te saca de tu comodidad y te lleva a emprender un largo viaje con destino al palacio para conocerle. Sí, debes conocer a tu Padre y saber cuál es tu identidad en Él para vestir de Hermosura.

Mientras te dispones conocerle, Él te alimenta, te sustenta, te defiende, te protege y pone en tus manos todo lo que necesites para llegar al palacio y reinar.

Sí, tu Padre el Rey te saca de Egipto para prosperarte y llevarte a Reinar.

Muchas de nosotras no podemos ver a Dios como nuestro Padre ni reconocer nuestras vestiduras debido a la experiencia de una mala relación con nuestro padre terrenal.

Pero te aseguro que cuando alcances conocerle tu vida cambiará por completo.

En este momento recuerdo como aquellos vestidos que usaba en aquel convento y sobre todo aquellos que precisamente me gustaban tenían que pasar por cada una de las internas para poder usarlo yo.

Porque en aquel lugar nada era nuestro y los vestidos eran prestados.

Sentirte hija del Rey es caminar con vestidos propios y entender que somos hijas del dueño de todo.

Que las riquezas nos pertenecen por herencia.

Que somos realeza y nuestros decretos cambian los aires.

Que fuimos revestidas de poder para gobernar y establecer.

Y que debemos renunciar a los vestidos con los que el mundo nos vistió.

No nos hacen falta y jamás cubrieron nuestra desnudez, por lo contrario dejarán expuestas todas nuestras debilidades ante aquellos que intentaron pisotearnos una y otra vez.

Vestidos que no cubrieron ninguno de los fríos vividos ni tampoco resaltaron en ningún aspecto nuestra belleza.

Dios nos hizo a su imagen y semejanza y nuestros vestidos tienen que ser preciosos como las piedras preciosas que lo adornan.

Una mujer débil y llena de miedos deja un legado de temor en sus generaciones dejando un mensaje clave como herencia a sus hijas convencidas que ni los sueños ni los príncipes existen.

Esto le da autoridad al enemigo a operar en la vida de ellas bajo un espíritu de engaño impartiendo la necesidad de ir tras el primer jovencito que dice amarlas y sin saber de dónde ellos vienen se hacen una con él para correr hacia una nueva etapa de frustración en el que sus vestidos al igual que los nuestros en algún tiempo son confeccionados con telas viles que se rompen y la vida en escasez que llevan no le permiten cambiarlos si no que comienzan los remiendos.

Remiendos que con el tiempo convierten tus ropas en harapos.

Mujer, esas vestiduras que el mundo nos puso a través de experiencias y carencias vividas no determinan quién eres tú mucho menos que será tu generación.

Una Mujer Vestida de Hermosura es una Mujer que se determina a cambiar su descendencia.

Fuimos hechas a imagen y semejanza del Rey y para vestir las mejores ropas.

Dios y su Espíritu Santo son suficiente y lo único que necesitamos para revestirnos de su hermosura.

Camina segura sabiendo que la hija de un Rey está revestida de poder valentía y dominio propio.

Nadie tiene el derecho de vestirte con telas sucias. Sin embargo, muchos fueron parte de esos diseños.

Los celos y las mentiras entre otras cosas van bordando en tus vestidos las más mediocres confecciones. Hasta llegar muchas veces a esos

momentos que muchas vivimos en donde parece caerse el cielo a pedazos y en donde sientes que te faltan fuerzas para continuar. Pero la Fuerza y el Honor del mismo Dios que te sacó de tu tierra son las vestiduras que te aseguran que reirás de lo que viene.

¡Lo afirmaré! Reirás de lo que viene!

El Padre me confirma y me deja sentir que este capítulo ha hablado a tu corazón sanándolo con su bálsamo de amor.

Su dulce Espíritu me muestra tu llegada al palacio y tu determinación produce alboroto en el pueblo.

Todos hablan de ti y de tu nueva vida.

Muchos son felices con tu llegada y te sonríen mientras subes a tu encuentro con el Rey.

De repente te das cuenta que tu vestido es el más hermoso de todos y que se parece a aquel que amabas tanto de niña.

Llegas a la puerta y el ángel de Jehová anuncia tu entrada al Palacio dándote la bienvenida, y dirigiéndote hacia el salón donde el Rey te espera para sentarte en su mesa.

La inconfundible voz del Espíritu Santo convertida en melodía endulza tus oídos diciendo:

«Así fuiste adornada de oro y de plata, y tu vestido era de lino fino, seda y bordado; comiste flor de harina de trigo, miel y aceite; y fuiste hermoseada en extremo, prosperaste hasta llegar a reinar».

Ezequiel 16:16

Y al oír estas palabras marcan tu corazón y el comienzo de una nueva vida en ti.

Con el vestido más lindo y completamente Vestida de Hermosura podrás decir el viaje ha sido largo pero he conocido a mi Padre.

Cuando Dios te saque de la tierra de Egipto disfruta tu camino al palacio.

Capítulo 6

RESTAURADORA DE PORTILLOS

«Y los tuyos edificarán las ruinas antiguas; los cimientos de generación y generación levantarás, y serás llamado reparador
de portillos, restaurador de calzadas para habitar».
Isaías 58:12

UN NUEVO ACEITE

Comienzo a escribir este capítulo y no dejo de maravillarme con Dios y todo lo que ha puesto en mis manos.

El llamado a restaurar portillos nace desde el corazón de Dios como todo aquello que Él ha puesto en mis manos un 31 de mayo de 2014 en medio de nuestro congreso anual.

Recuerdo aun que la atmósfera de gloria que envolvió ese evento de mujeres fue tan tangible que hoy muchas de ellas cuentan grandes testimonios acerca de lo que Dios hizo en sus vidas ese día.

El aire acondicionado estaba experimentando problemas y yo subí a intentar solucionarlo.

Cuando voy subiendo las escaleras del auditorio, lugar donde se había llevado a cabo el congreso, una brisa fresca y muy agradable envuelve todo mi ser, dejándome inmóvil y deslumbrada.

Una vez más pude percibir que era el Espíritu de Dios llamando mi atención. «Mira hacia atrás», me dijo. Giré mi cabeza y pude ver como pastoras se abrazaban entre ellas ministrándose unas con otras. «Reparador de Portillos eres», susurró a mi oído.

Realmente fue hermoso y grato ver como la gloria de Dios había descendido a ese lugar trayendo con ella sanidad y restauración para tantos corazones y renovando las fuerzas de todas nosotras como solo Él sabe y puede hacerlo.

Sobre todo en un tiempo clave que marca un nuevo comienzo para la iglesia de Cristo.

Inmediatamente vino a mi mente aquel nuevo aceite del cual Dios había llenado mi vasija en aquellos días.

Fue un día miércoles y en mi oración del mediodía que en medio de ella escucho a Dios decirme:«Hoy llenaré tu vasija de un nuevo aceite».

«Oh Dios, ¿qué tú quieres depositar en mí?¿Será que mi aceite está escaseando?», le pregunté.

No podía imaginar lo que estaba sucediendo pero me inquietaba saber qué era lo que Dios traería a mi vida a través de ese nuevo aceite.

Ya había orado por los enfermos y habían sanado.

Cánceres desaparecieron, paralíticos se levantaron de su silla de ruedas, entre ellos un niño que no caminaba recibió su sanidad.

Mi madre incluso había sido sana de artritis.

Y un muerto había resucitado.

Pastora, cuéntenos acerca de estos milagros, claro que sí hay un capítulo para glorificar el nombre del Todopoderoso acerca de esto.

Inmediatamente recuerdo estas sanidades y milagros que Dios hizo pude contemplar una vez más su grandeza y su voz me atrapa una vez más diciéndome: «A partir de hoy fluirás bajo la unción del Salmo 133».

«Mirad cuan bueno y agradable es habitar los hermanos juntos y en armonía», recitaba delante de su presencia y me quedé con ese deseo de Dios habitando en mi corazón.

Pastorear vidas es un grato trabajo pero con altos riesgos de debilidad, cansancio y frustración incluido.

Y estos sentimientos llegan a visitar la vida de muchos de nosotros de manera violenta cuando estamos caminando bajo la voluntad del Padre.

Tú puedes estar leyendo estas líneas y pensar, «Bueno ese es el trabajo de ellos ver por las almas». Sí, pero ¿te has preguntado quién levanta nuestras manos?

¿Quién ora por nosotros?

¿Quién decide quedarse a nuestro lado no importando nuestros días grises o soleados?

Cuando Dios y su inexplicable gloria descendió a ese lugar aquel día donde las pastoras abrazadas se ministraban unas con otras pude ver el corazón de Dios realmente trabajando en la iglesia.

El cuerpo de Cristo debe caminar en unidad y ser de bendición al mismo.

Esto no se veía años anteriores y gracias a que varios de nosotros fuimos sensibles a su voluntad se ha logrado ver más unidad en el cuerpo.

Siempre doy mi opinión en cuanto a la importancia de no enfermar el estómago de Dios.

Y no ser tibios en la unidad y el amor fraternal porque esto causaría que el Padre vomite a sus hijos por su boca.

¿Qué duro suena, verdad? La palabra es clara cuando nos habla acerca de esto en Apocalipsis 3:16 y estoy convencida que Dios está hablando en todas y cada una de estas áreas.

Imagínate tú o yo causando malestar en el estómago de nuestro Creador.

Debemos ser portadores de unidad y no división.

He podido ver con mis ojos como mujeres han estado estancadas y se han sentido limitadas para avanzar en lo que Dios ya ha establecido en cuanto a su propósito en ellas.

Por esto Dios me levanta para reparar portillos y al transcurrir el tiempo mi vida y ministerio dan testimonio de esto.

Propositos Lisiados.

«Cuando Jesús lo vio acostado, y supo que llevaba ya mucho tiempo así, le dijo: ¿Quieres ser sano?

Señor, le respondió el enfermo, no tengo quien me meta en el estanque cuando se agita el agua; y entre tanto que yo voy, otro desciende antes que yo.
Jesús le dijo: Levántate, toma tu lecho, y anda».

Juan 5:6–8

Me llama la atención ver cómo hoy muchas mujeres se encuentran padeciendo esta misma enfermedad espiritualmente hablando.

Y al igual que este hombre que por treinta y ocho años se encontraba inmóvil, llevan paralizadas y sin poder caminar, el cumplimiento de lo que ya está establecido.

Y no quiero predicarte este pasaje pero sí tomarlo como referencia para que a través de este capítulo puedas levantarte y salir del anonimato, tú mujer que te identificas.

Notemos como hay una multitud de personas enfermas que descienden a ese pórtico en donde había un ángel enviado por Dios a agitar las aguas.

Dice la palabra que inmediatamente bajaban quedaban sanos.

Pero más llama mi atención como es que Jesús no se dirige a ellos, sino que va directamente hacia donde está el paralítico.

La palabra *betesda* significa «casa de gracia o casa de derramamiento» y la palabra hace referencia a eso.

Un hombre vivo pero estancado y limitado viviendo en una casa en donde la gracia y el derramamiento del Poder Dios se pasaba por alto, ¿me explico?

Treinta y ocho años pasando por alto ese poder y esa gracia.

Jesús va exclusivamente a tener un encuentro con el paralítico y le dice: «¿Qué pasa contigo que no desciendes?»

«Señor, no tengo quien me lleve, quien me acompañe y mientras hago el intento, otro se apresura y logra llegar antes que yo».

Te tengo dos noticas en este día, mujer.

Debes salir de ese estancamiento y lugar de comodidad que te detiene.

Tu condición de años no puede paralizar el sueño de Dios en tu vida y las escusas son estrategia del enemigo para detenerte.

Jesús en este instante va de camino a tener un encuentro contigo y debes prepararte para lo que vas a oír.

Él te dirá lo mismo que le dijo a aquel hombre, debes levantarte, tomar aquel lecho, aquella condición que ha tenido paralizado tu ministerio y tu vida durante tantos años y andar, andar, andar.

Porque no será un ángel quien agite tus aguas, ni necesitas que nadie te acompañe para llegar.

Pero Jesús mismo será quien venga por ti a empoderarte y llenarte de un nuevo aceite que reparara totalmente tus portillos.

Capítulo 7

LUGARES ALTOS

«El hace mis pies como de ciervas,
y me afirma en mis alturas».
Salmos 18:33

Pies de Ciervas

En este capítulo quiero compartir contigo acerca de esos lugares que muchos quieren estar por ti pero que no están dispuestos a pagar el precio del recorrido.

Cuando pensamos en las alturas tenemos como defecto apreciar la condición actual ignorando el trabajo, la dedicación y el esfuerzo que nos tomó para poder alcanzarlas. Y el secreto para quienes lo entienden es saber que todo lo que Dios te ha prometido lo verás si sabes que tienes y eres todo lo que necesitas ser y tener para lograrlo.

Dios jamás me hubiera dado pies de ciervas si Él no supiera que debería saltar rocas y correr ágilmente como solo ellas saben hacerlo.

Para llegar a lugares altos fue enfrentarme a descubrir cuantos sueños Dios tenía para mí y cuantas cosas más era yo capaz de hacer.

Cosas que no estaba llamada a hacer en una plataforma común si no extraordinaria.

Llegando nuestro primer aniversario como pastores de MAV y teniendo todo encaminado para ese servicio de celebración comenzaron a existir problemas en la iglesia.

Solo faltaba una semana para el gran día y estábamos muy contentos.

Cuando de repente un intruso llegó a la iglesia con calculadora en mano.

Ese intruso era un espíritu de contienda que tenía como misión dividir la casa.

Y entre los daños ocasionados uno de los ministerios fue fuertemente debilitado a causa de ese ataque.

Era el ministerio de danza que requería ayuda y no había quien lo hiciera.

Teníamos el aniversario encima y también la pasión de pequeñas niñas enamoradas de lo que hacían «danzar para el Rey».

Recuerdo presentarle a Dios mi queja con angustia en oración cuando tras mi reclamo su respuesta llegó de inmediato a mi corazón.«Tú lo harás», me dijo.

«¿Yo? Padre, como yo haré algo más cuando hago tanto en tu casa? Tengo mucho en mis manos», le respondí, ¡como si Él no lo supiera!

Volví a exclamar en su presencia. . . ¿yo?

Lo cierto es que no había tiempo para pensar lo que ya era una orden de Dios.

El sabía que no había nadie más obediente que yo cuando de retos se tratara y una vez más me llenó de confianza y seguridad.

A partir de ese día me hice cargo del ministerio de danza con todo el amor que el padre merece y nunca más dejé de hacerlo.

> «Y sabemos que a los que aman a Dios, todas las cosas les ayudan a bien, esto es, a los que conforme a su propósito son llamados». Romanos 8:28

Aquel día me dejó dos grandes enseñanzas. La primera: que todas las cosas ayudan a bien por cuanto yo le amo e incluso la visita de aquel intruso fue permitida por el para encontrarme con uno más sus propósitos en mi vida.

La segunda: que pocos son los escogidos y que nada ni nadie puede revertir lo que Dios ya estableció.

Descubrí que danzar con Él era un refrigerio para mi vida.

Ya Dios me había dado pies de ciervas y un corazón dispuesto y hasta hoy camino tratando lo mejor en cuanto a humildad para que jamás sus ojos me miren de lejos.

Él me sentir la niña hace de sus ojos, su consentida, la que llama su atención y se deja encontrar por Él, convirtiéndose en una adoradora en Espíritu y verdad.

No hay nada más fiel y verdadero que el amor de un hijo hacia un padre.

Y yo se lo demuestro cuando danzamos juntos.

Y esto también es cumplimiento profético para mi vida.

Él me lo había mostrado en un sueño vestida de ropas hermosas colores verde y oro.

Y yo aguardé pacientemente su anhelo en mi corazón.

Y a través de aquellas experiencias que dejan un sabor tan amargo en nuestra vida simplemente yo me convertí en su deleite. ¡Yo soy su deleite!

Cuenta su voz a través de sus profetas que el Padre deja de hacer todo cuando yo danzo.

¿Puedes imaginarlo?

Tocar el corazón del Rey y llamar su atención me hizo entender que yo simplemente no danzo, si no que danzamos juntos.

¡El Rey y yo danzamos juntos!

Nunca pienses que ya lo hiciste todo.
Él no ha terminado contigo.
Estás perfectamente diseñada para las sorpresas de Dios.

FIRMEZA EN MIS ALTURAS

> «Subamos a conquistar esa tierra. Estoy
> seguro que podremos hacerlo».
> Números 13:30 NVI

Viajar por Números 13 es presentarte todos mis retos, valentía y temores que he vivido e incluso que viviré en esta encomienda del Padre.

Cuando Dios nos habla de reconocer nos está diciendo, «Ya tú sabes lo que hay ahí, ya lo conociste antes. Vuelve y sube a la montaña y examina esa tierra que tengo para ti y los tuyos».

Muchos de nosotros perdemos las fuerzas cuando hemos llegado al lugar asignado quedando débiles y cansados por el viaje; más aún cuando ese viaje es en ascenso.

Estoy convencida que subir tan alto como sean los sueños de Dios para tu vida causará que erróneamente decidas desistir a aquello que tomaste en tus manos con tanta ilusión cuando lo comenzaste.

De repente la convicción de saber hacia dónde vas comienza a nublarse y tu mente va enviando a tu corazón el desalentador mensaje que no llegarás a la montaña y quedarás exhausta en el camino junto al arroyo.

Y aquellos saltos de alegría y gritos de victoria que acompañaron tu viaje se convierten en sollozos de temor e intimidación al ver aquellos gigantes acampar en aquella misma tierra que Dios dijo que te pertenece.

De inmediato y tras ese temor que te intimida, las pequeñas zorras se hacen presente para animarte al desaliento. Los que tus ojos ven no se comparan a aquella gran promesa que recibiste allá abajo.

Te ves tan pequeña como una langosta al lado de ellos y piensas, «Como voy a llegar ahí? Cómo habitar en medio de gigantes, si soy tan pequeñita?».

¿No era esta una tierra que fluye todo lo que necesito para vivir en comodidad y abundancia?

No estoy segura de continuar afirmas.

Notemos como Caleb no sube solo a examinar esa tierra y cuando descienden a dar el buen reporte de ella aquellos que subieron con el gritaban a alta voz: «¡No podremos hacerlo! Allí habitan gigantes poderosos!»

Están los anaquitas y tú ya los conoces como son (aquellos que son más grandes y fuertes que tu, Deuteronomio 9:2).

Los amalecitas(aquellos que te atacan cuando tus fuerzas se acaban en el viaje) también están por todas partes tu sabes que ellos son asesinos y muy crueles (Deuteronomio 25:17–19).

¿Y los hititas? (hijos del terror encargados de crear fortalezas de miedo e inseguridad en nosotros, 2 Reyes 7:3–6).Como si fuera poco también viven allí los jebuseos (fuerza de las tinieblas y aquellos que te pisotean si no estás preparado para la batalla) y los amorreos (guerreros arrogantes y prepotentes) habitan en las montañas y pelean para destruir las familias, Josué 24:15)

.¿Qué haremos con ellos que habitan ahí mismo en el mismo lugar donde Dios quiere que habitemos?

Aquellas voces de queja y murmuración son las que emprenden viaje contigo a cada lugar asignado para abrazar tu promesa y son un pueblo numeroso de «hijos de príncipes» pero pierden la bendición convirtiéndose en tus más grandes obstáculos.

Ellos reconocen los gigantes que salen a tu encuentro, se acobardan y te abandonan pero no reconocen al varón de guerra y a sus ángeles acampar alrededor de ti para defenderte.

Ellos emprenden este viaje contigo pero al ver la grandeza de Dios manifestarse en tus promesas se dan cuenta de que en algún momento deseaban verte bien, pero no lo suficiente o mejor que ellos.

«Un momento no es para siempre» y no existe en el manual de tus promesas.

La realidad de esto no es que ellos te abandonen, sino que Dios no desea que continúen a tu lado.

Firmeza en tus alturas te deja el claro mensaje que esas alturas solo son tuyas y que también aquel que te envió te dará la fuerza que necesitas para sentirte firme durante todo el viaje.

Escucharlos en muchas ocasiones te hace desfallecer y atrasar tu viaje a las alturas.

Disponer tu corazón a oírlos no te asegura que continúen pero si probablemente lo hieran con desilusión y desesperanza.

Y al final del día todo es usado en tu contra para detenerte.

Notemos también dos claves importantes en este pasaje.

1—Caleb antes de animarlos a subir los manda a callar.

Tu condición de líder ejerce autoridad para el desafío.

Eso deja en evidencia quienes y hasta donde te acompañan.

2—Caleb no fue totalmente abandonado en el reto. Josué se quedó a su lado y subió con Él.

Hay provisión espiritual para tu camino a esos lugares altos.

El Espíritu de Dios se convierte en fuerza y valentía dejándote saber que como estuvo con Moisés estuvo conmigo y estará contigo donde quiera que vayas.

«Mira que te mando que seas fuerte y valiente no es otra cosa que yo mismo supliré fuerza y valentía en el camino».

Los gigantes pertenecen a un reino opuesto a los deseos de Dios para tu vida y siempre estarán en aquel mismo lugar donde Dios tiene lo mejor para ti..

Pero tristemente muchos de nosotras nos quedamos junto al camino en el ascenso.

Mi pregunta para ti es: ¿Imitarás la disposición y el servicio de aquellos únicos dos que cambiaron y marcaron sus generaciones?

¿O serás parte de aquellas otros diez que las detuvieron y las dañaron imposibilitando su entrada a la buena tierra?

Dios llamó doce pero solo escogió dos.

El ánimo que necesitas viene de aquel que te escogió y te asegura la Victoria.

La buena tierra la encuentras en Lugares Altos.

Tu trabajo es mantenerte Firme en tus Alturas.

Capítulo 8

LA GRACIA DE DIOS CONMIGO

«Pero por la gracias de Dios soy lo que soy; y su gracia no ha sido en vano para conmigo. Antes he trabajado más que todos ellos; pero no yo, sino la gracia de Dios conmigo».
1 Corintios 15:10

Descubrir el valor incalculable de su gracia sobre mí me ha convertido en la mujer más segura que yo misma pude imaginar.

UN MANTO DE COLORES

Leer el nombre de este título seguramente te hace pensar que te hablaré de aquel favor inmerecido que es su gracia y que Dios ha depositado sobre mí y no te equivocas. Pero cargar con este manto de colores para mí fue, es y será más que un regalo; la provisión que el Padre puso en mis manos cuando Él dispuso mirarme con agrado.

Mis pruebas y mis desiertos me han llevado a escribir mi propio salmo. Muchos de ellos son de agradecimiento y gozo pero otros tantos han sido escritos en medio del llanto, el dolor y la decepción.

También existen otros tantos que escribí en medio del abandono, la persecución y sobre todo en oscuras y tormentosas noches de soledad espiritualmente hablando, pero estoy consciente que aunque esos salmos no alimentaban mi alma fueron necesarios para el crecimiento y enriquecimiento personal.

Según lo que la palabra escribe acerca de José, hijo de Jacob, quien pasa a ser Israel después que Dios le cambia el nombre; entendemos que fue un hombre próspero amado y consentido por su padre.

Un hombre que tuvo que pasar por muchas afrentas e injusticias pero que ninguna de sus pruebas, ni prisiones, e incluso la esclavitud vivida impidieron que José llegara a ser lo que ya Dios Padre, aquel que no miente ni se arrepiente, aquel que es fiel y sobre todo cumple sus promesas, había establecido para su vida.

Y es de mucho valor recalcar una vez más que el mensaje principal de este libro está basado en «La perfección del Padre» y no en los errores de un padre.

Aquel padre que nos tocó aquí debajo del cielo pudo equivocarse y al igual que Jacob permitirse ser tramposo y engañar al hombre entre otras cosas. Pero nuestro Padre —el Creador de todo; único, magnifico, suficiente y real—, es perfecto y sin mancha.

Y así como Jacob y Jehová no se parecen.

El manto de José y el mío tampoco son iguales.

A José le regala el manto su padre terrenal; aquel que lo amaba y lo prefería más que a sus hermanos.

Mi manto me lo regaló EL PADRE, Sus mismos ángeles lo confeccionaron bajo el diseño exclusivo del Rey para su hija amada y consentida.

Cuenta la palabra que su padre amaba más a José porque lo había tenido en su vejez.

Mi Padre es Eterno y me amó aun cuando nadie me había amado.

> «Mi embrión vieron tus ojos,
> Y en tu libro estaban escritas todas
> aquellas cosas
> Que fueron luego formadas, Sin faltar
> una de ellas».   Salmos 139:16

José al igual que sus hermanos podían ver en él un manto, una túnica o una capa; según qué versión de la Biblia leamos.

Lo que Dios me entregó a mí fue un Manto y en todas las versiones cumple un solo propósito, «La cobertura de su Gracia».

Los hermanos de José lo envidiaban porque era el preferido mientras ellos trabajaban duro en el campo.

Yo a diferencia: «Antes he trabajado más que todos ellos pero no yo, si no la gracia de Dios conmigo».

A José dos de sus hermanos le arrebataron su túnica, manto, o capa, pues no estaban seguros de lo que realmente querían arrebatarle.

En cuanto a mí, aún existen incontables «hermanos» queriendo arrebatar mi manto y estos sísaben identificar lo que tengo. ¡Créanlo!

¡Es mi manto! Y a diferencia de José, en el mío, Dios fue específico en los colores.

El color naranja que cuenta en los aires la esencia de mi adoración.

El amarillo que deja el aroma de su Gloria Shekinah donde quiera que Él me lleve.

El verde el que me recuerda cada día un nuevo comienzo.

El azul Royal que deja en evidencia ante el mundo una mujer de autoridad.

Celeste como el cielo que cuentan la grandeza de un Dios vivo y el poder de su Espíritu Santo.

Rojo el color de mi ADN que me hizo eternamente libre y sana por aquel que me amó primero.

Tiene marrón también que me deja saber que ser humana no tiene que ver con cuantas veces te equivocas si no con cuanto amor fraternal no fingido amas y abrazas la humanidad.

El color oro en mi manto deja la huella de la divinidad, la perseverancia que imparte mis fuerzas en las pruebas y que el que me llamó desde su trono conoce mi Nombre.

Hilos púrpura adornan sus costuras contándole al mundo que soy real sacerdocio, nación santa y mi generación escogida por Dios. y aquellos violetas cuentan de un Dios sobrenatural que prepara personas comunes para operar en lo extraordinario.

Destellos rosa iluminan a multitudes atrayendo a aquellos que entienden que el deseo del Rey es que habitemos juntos y en armonía reconociendo que la palabra clave para un avivamiento es UNIDAD.

Y el último detalle que impregna los aires de gozo son los detalles en color vino que dejan presente la inmensa satisfacción de saber que mientras danzo con el Rey los desiertos simplemente me promocionan e imparten aún más seguridad en mí, simplemente porque conmigo danza el que ama mi alma.

Portar su manto delega santidad y protege mis vestidos de mancha y corrupción.

Santidad es vivir apartada del mundo y Dios me separó porque soy diferente y es a través de esa diferencia que marcaré mi descendencia.

Y aunque esto me reste amigos me suma incontables promesas que Dios cumplirá en mí.

Todos los días al cubrirme con mi manto recuerdo que el gozo del Señor es mi fortaleza ante el desprecio del mundo y las pruebas atravesadas.

Que el compromiso de dar no lo tengo con el hombre si no con aquel que amó al mundo de tal manera que DIO SU HIJO UNIGENITO PARA QUE TODO AQUEL QUE EN EL CREE NO SE PIERDA, MAS TENGA VIDA ETERNA (1JUAN 3:16).

Si mi Padre dio mi deber es dar. Y con Él solo con Él es mi compromiso de amar.

Wow, cuando te comparto que Dios nunca dejará de sorprenderte es tan real como que escribiendo solo la primera parte de este capítulo, acabo de descubrir que mi manto tiene doce colores.

¡Qué privilegio!

La Gracia de Dios conmigo

El numero doce representa la elección, una estructura completa, equilibrada y divinamente constituida.

Es símbolo de gobierno poder y autoridad legalmente delegada por haber sido elegida para este propósito.

12 son las piedras en el pectoral del sumo sacerdote (Éxodo 28:17–21).

12 fueron los hijos de Jacob.

12 los panes de la proposición en el Lugar Santo (Éxodo 25:23–30).

12 las piedras tomadas de en medio del río Jordán para levantar altar (Josué 4:8).

12 los espías enviados a reconocer Canaán (Números 13:1–33).

12 las fuentes de agua encontró Israel en Elím (Éxodo 15:27).

12 las piedras del altar que levantó Elías donde bajó fuego del cielo (1 Reyes 17:30–40).

12 años tenía Jesús cuando se quedó en el templo de Jerusalén (Lucas 2:45–52).

12 los apóstoles escogidos por Jesús (Mateo10:1–4).

12 las cestas que sobraron de la alimentación de los 5.000 (Marcos 6:30–44).

12 puertas hay en La Nueva Jerusalén (Apocalipsis 21:12).

12 ángeles uno en cada puerta (Apocalipsis 21:12).

12 cimientos (bases fundamentos) tiene el muro de la ciudad (Apocalipsis 21:14).

12 perlas en cada puerta (Apocalipsis21:21).

12 son los frutos que produce el árbol de la vida (uno para cada mes) y es el último número que parece en la Biblia (Apocalipsis 22:2).

Y 12 LOS COLORES DEL MANTO QUE DIOS DEPOSITÓ SOBRE MÍ.

Su Gracia es suficiente y es todo lo que necesitas para entrar al palacio.

Anímate a descubrir lo importante que eres para el Rey y la riqueza que Él ha depositado sobre ti.

Yo no solo descubrí quién es mi Padre, también hoy sé que por la Gracia de Dios soy lo que soy.

Él nos hizo exclusivamente únicas e irresistiblemente bellas por fuera como por dentro.

¡¡Descúbrete!!

LA UNCIÓN TE PERTENECE

«El Espíritu de Jehová el Señor está sobre mí, porque me ungió». Isaías 61.1

La unción que está sobre ti es el poder y la habilidad que Dios te ha dado para poder llevar a cabo su propósito, el llamado, el ministerio y todo lo que Él ha puesto en tus manos.

Y esa unción va provocando mayores niveles de gloria en tu vida mediante vayas sumergiéndote en las profundidades del océano de Dios.

Hoy quiero hablarte de cuatro niveles que te indicarán en qué plataforma estás para operar bajo la unción que Dios ha depositado en ti.

Para esto es necesario que entres a ese mar espiritual que marcará no solo en el tiempo que estás espiritualmente, sino que también dejará en evidencia la dimensión que se te ha sido entregada.

El primer nivel es el de los tobillos y este nivel es el que te deja saber que todo lo que pise las plantas de tus pies ha sido conquistado por ti.

Pero este nivel requiere de ti compromiso.

¿Estás realmente comprometida con Dios para poder entrar en las aguas?

Cuando llegó el día que Dios me envió a predicar su palabra humanamente nunca hubiese creído que era el tiempo correcto.

Ya que pensaba que el día que al llegar ese tiempo tendría el edificio, el dinero para comprarlo y la gente para llenarlo.

Según yo y mis pensamientos estaba muy lejos ese día. Y así era más fácil creer que todavía no llegaba mi tiempo.

Literalmente yo estaba «Esperando en Dios» cuando una tarde saliendo del servicio y de regreso a casa su voz atrapa mi atención.

«¿Qué tienes es tus manos?»,me dijo.

De inmediato le digo a mi esposo:«Dios me está preguntando qué tengo en mis manos».

«¿Igual que a Moisés?»,pregunta mi esposo.

«Sí», le respondí.

«¿Y qué era lo que Moisés tenía en su mano», siguió preguntándome mi esposo.

«Una vara».

«Ah, ¿y para qué tenía esa vara en su mano Moisés?»

«Para abrir el Mar Rojo».

«¡Y para qué el mar necesitaba abrirse», continuó preguntando mi terapeuta ¡jajá!

«¡Ay cielo! Para que el pueblo pasara».

«¡Excelente! Entre otras cosas dirigir al pueblo, pastorearlos, y exhortarlos a descubrir su propia fe fue el ministerio de Moisés».

«Ah...y entonces?»,pregunté.

«Respóndele a Dios que tienes en tus manos para comenzar tu ministerio».

«Okay. Dios, en mis manos tengo la Biblia y...ahh sí. Y la notebook que me regaló mi amor hace unos dias».

«¡Grandioso! Ya puedes comenzar», respondió el Espíritu de Dios.

Puede sonar divertido y alentadora la forma en la que te lo comparto pero la realidad es que así fue como Dios me dijo «llegó la hora de meter tus pies en el agua».

Y sé que como no querrás sumergirte tan pronto de manera completa comenzarás con el nivel a tus tobillos.

> «Y cuando las plantas de los pies de los sacerdotes que llevan el arca de Jehová, Señor de toda la tierra, se asienten en las aguas del Jordán, las aguas del Jordán se dividirán». Josué 3:13

Así como Dios dividió las aguas de manera sobrenatural ni bien los sacerdotes pusieron sus pies en las aguas para que el pueblo cruzara al otro lado así mismo Dios abrirá camino en tu Jordán para que pases tú en compañía de los tuyos.

Yo personalmente cuando decidí comprometerme con Él pude ver caminos abrirse delante de mis ojos donde el hombre aseguraba que yo no podía poner un pie.

Este primer nivel requiere tu compromiso.

¿Estás lista?

Una vez comprometida con Dios sigues entrando confiada que Él no te dejará avanzar más allá de lo que estés dispuesta a entregarle. Y así encuentras el segundo nivel:

Este es el nivel donde el agua te llega a las rodillas anunciándote que todo aquello que pediste en oración tus ojos están a punto de ver su cumplimiento.

Pero este nivel requiere de nosotras persistencia y fe.

Sobre todo en esos tiempos en donde los vientos azotan y te empujan de manera contraria a lo que Dios te prometió que verías.

De repente una fuerte tormenta se suma de acuerdo con los vientos y tú te olvidas que Jesús también va en la misma barca contigo y está al control de la popa, aunque no lo veas.

> «Y levantándose, reprendió al viento, y dijo al mar: Calla, enmudece. Y cesó el viento, y se hizo grande bonanza».
>
> Marcos 4:39

Han existido innumerables veces en la que mi fe ha sido debilitada pero aquella mismas tormentas fueron las que me recordaron que para ser más que vencedora debía pelear primero.

Sin pelea no hay victoria, y no todos los vientos contrarios pelean contra ti.

Hay vientos contrarios que te llevan inesperadamente al lugar de tu bendición.

Y así peleando y venciendo te acercas a un nivel más arriba.

El tercer nivel: El nivel de tu cintura.

¡Uy, este sí que dolió y me dio un trabajo de parto!

Así mismo como lo expresé, este nivel te anuncia que darás a luz aquello de lo que te embarazaste.

Y para este nivel es preciso y fundamental haber tenido intimidad con el amado.

A lo largo de este ministerio he podido ver como hay personas que quieren dar a luz sin estar embarazadas.

Y peor aún dicen estar embarazadas sin haber tenido intimidad.

Y quiero ser muy cuidadosa escribiendo acerca del tema porque para nada pienses que no ha habido tiempos en el que no deseaba intimidar. A menos que todo marchará muy bien. ¿Me explico?

Estar en la presencia de Dios ha sido lo que me ha levantado cada vez que caí.

Me ha sostenido cada vez que mi equilibrio falló.

Me ha sustentado en cada necesidad y me ha hecho fuerte en cada debilidad.

Y para ser aún más exacta estoy justamente en este tiempo con mucha incomodidad, dolores, sentimientos mezclados y con la enorme necesidad de ordenar y limpiarla casa como cada una de nosotras embarazadas lo hemos experimentado.

Sí, estoy convencida que pronto daré a luz un nuevo sueño de Dios en mi vida.

Este nivel de profundidad te hace lucir más bella que nunca, pero aunque tu rostro está radiante tú te sientes mas cansada y muy debil.

> «Levántate, resplandece; porque ha venido tu luz, y la gloria de Jehová ha nacido sobre ti». Isaías 60.1

No abortes el propósito y los sueños de Dios para tu vida.

Es tiempo de dar a luz, la unción está en tu cintura.

Cuarto Nivel

Aquí entramos a una mayor y sobrenatural dimensión sumergidas en las profundidades de este mar.

Esta es la unción que te llevará a la gloria postrera.

Gloria que te asegura y escrito está que será mucho mayor que la primera. Por lo tanto, si tus ojos han visto la gloria de Dios, prepárate porque serás llevada a una plataforma de poder y de gloria a través de sus aguas.

En este último nivel de unción Dios exige tres fundamentos, en el que debes pararte y sostenerte.

Humildad, integridad y santidad.

Valores primordiales que aseguran una vida espiritual saludable.

Este será el nivel que sobrepasa tu cuerpo y en el que debes trabajar cada día porque si no sabes mantenerte y las aguas te anegan, perecerás.

El Altísimo quiere llevarte de la unción que te pertenece a la manifestación sobrenatural de su Gloria.

La palabra *gloria* en hebreo es *Kabod* y significa «peso, gravedad, carga».

Ese peso de Gloria requiere la integridad de corazón y la santidad diaria que muchos no están dispuestos a entregar siendo esta es la raíz de tantos ministerios muertos y sin cosecha durante tantos años.

Nunca confundas proceso con consecuencias.

El proceso te lleva a la conquista establecida.

Las consecuencias, sin embargo, te llevan al fracaso y la destitución de esta gloria postrera que nunca es conocida en totalidad.

Y junto a ese tiempo de consecuencias viene un ángel ante la presencia del Rey y le pregunta,«¿Qué hago con esta vasija, esta obra de tus manos? La encontré llena de polvo y no se puede apreciar su belleza».

Y Dios responde ante esto:

«Guárdala, no preciso de ella. No le daré uso en este tiempo».

La Gloria de Dios También Significa Riquezas

> «Y aun también te he dado las cosas que no pediste, riquezas y gloria, de tal manera que entre los reyes ninguno haya como tú en todos tus días».   1 Reyes 3:13

Y cuando las hayas obtenido será un tiempo maravilloso en el que podrás concretar tantos sueños y proyectos olvidados quizás por tanto esperar aquella provisión sobrenatural por la que creíste en tus temporadas más desiertas.

Dios y su palabra *Logo* te aseguran que existe un día en el que el *Rhema* establecido te alcanzará.

Aquello que leíste repetidas veces ha llegado a tu vida en cumplimiento y los aires cuentan la manifestación de manera audible.

¡Estás rodeada de Riquezas!

Y entre tantos reyes no hay ninguno como tú.

Esta unción y manifestación de Gloria solo es tuya y te pertenece.

Pero pastora! (siempre los peros).

Si en este nivel existen dos < peros> llenos de poder.

El pero de Dios que es el que te lleva a encontrar y tomar en tus manos las riquezas del mar.

Y los peros nuestros que nos llevan a estancarnos y detenernos a través de nuestras escusas, falta de honra y respeto ante el Dios de toda la tierra.

Hay un enorme misterio en el ministerio profético y es un secreto muy bien guardado y un tesoro escondido que únicamente encuentran los profetas y es que:

«La Gloria de Dios se Manifiesta a sus Profetas»
Isaías 6:1–4
Ezequiel 1:4–26; 8:4; 10:4; 43:1–5; 44:4–5

Entre otros cientos de versículos que hacen referencia a esto están aquellas vivencias propias que yo y tú hemos experimentado acerca de su gloria.

Pero es con Honor y Respeto que debemos representarla.

Y es este nivel el que marca el cumplimiento de todos y cada uno de los propósitos de Dios en tu vida o tu regreso a la orilla dejándote tan estática como al principio y dejando en evidencia que experimentaste cambios pero no transformación y que te encuentras después de tanto trabajo en el mismo lugar.

> «Así ha dicho Jehová el Señor: Por cuanto se enalteció tu corazón, y dijiste: Yo soy un dios, en el trono de Dios estoy sentado en medio de los mares (siendo tú hombre y no Dios), y has puesto tu corazón como corazón de Dios». Ezequiel 28:2

Nunca subestimes que tus pensamientos pueden subestimar los pensamientos de Dios.

Porque de esos «príncipes» no se cuenta mucho y mis ojos han visto muchos caer.

Más bien amada amiga y hermana acepta el consejo de Dios porque Dios honra a los que le honran.

La gloria de Dios es tan grande y pesada como real y delicada.

Y es manifestada a sus profetas para caminar en ella pero también para venerarla.

Es percibida por los sentidos; por eso se presenta como algo luminoso y deslumbrante.

Los aires cuentan su grandeza en este cuarto nivel de unción.

Permite también que la grandeza de su gloria sea exhibida en ti.

«El Espíritu de Jehová el Señor está sobre mí, porque me ungió».

Pero su Gloria es exclusivamente de Él.

La unción me pertenece pero Dios no comparte su Gloria.

Capítulo 9

DIADEMAS

«Entonces verán las gentes tu justicia, y todos los reyes tu gloria; y te será puesto un nombre nuevo, que la boca de Jehová nombrará.
Y serás corona de gloria en la mano de Jehová,
y diadema
de reino en la mano del Dios tuyo».
Isaías 62:2–3

Mi nombre es Evelyn, hija menor de Pastora Lorena. Desde pequeña que tengo el honor y la dicha de poder ser impartida por la palabra de Dios a través de mi madre.

Siempre enseñándome el bien y amar a Dios sobre todas las cosas. Hoy aun ya de grande nunca falta una palabra de Dios en cualquier área de mi vida que me levanta y me fortalece.

Dios mudó mi bendición a otra tierra junto con mi esposo hace ya tres años y aun en la distancia siento el amor de ella en cada paso de mi vida. Siempre dispuesta a dar amor sin condiciones.

Me siento feliz y dichosa de poder decir que además de ser mi madre natural es mi madre espiritual, porque a ella le debo todo lo que he aprendido, desde dar mis primeros pasos como a servir, adorar y amar a Dios sobre todas las cosas.

Yo soy su hija Diadema aun en la distancia pero con una poderosa palabra que Dios habló a mi vida.

> «Y el Señor dijo a Abram : Vete de tu tierra, de entre tus parientes y de la casa de tu padre, a la tierra que yo te mostraré».
> Génesis 12:1

Siempre mi madre y yo nos identificamos como almas gemelas y hasta los mandatos del Padre son compatibles en nuestras vidas.

Mi madre fue llamada a dejar la tierra y yo al igual que ella hemos caminado bajo la obediencia reconociendo que esta es la llave que abre todas las puertas de favor y cumplimiento en nuestras vidas.

Aunque no es fácil, debes confiar que nuestro Dios te cuidará en cualquier lugar donde mude tu bendición. siempre hay un buen propósito.

Avanza confiada de la mano de Papá.

No apartes tus ojos de el pero, álzalos con la certeza y la convicción que numerosa serán las multitudes que alcanzarás tras tu obediencia.

Caminar bajo un manto pastoral me sienta en lugares de privilegio.

Y me deja saber que las promesas de Dios para mi vida son mi lugar de refugio.

Acompáñame a entrar en este capítulo en donde cada testimonio de estas bellas, valientes, y escogidas mujeres de Dios impartirán en ti el Poder que necesitas para cambiar tu vida.

Te abrazo, y te bendigo.

¡Yo soy Diadema en las Naciones!

Soy escogida, y te voy a sorprender.

Evelyn Roco
Pastora Asociada
En las naciones del Ministerio Internacional Abrazando Vidas.

Mendoza, Argentina.

LOS PLANES DEL PADRE

Todo empezó cuando recibí una llamada telefónica de parte de la Pastora Lorena invitándome a un evento de mujeres llamado «Vestidas de Hermosura» durante esta llamada concretamos una cita para conocernos en persona; así fue como nos reunimos a tomar un café cerca de la iglesia que pastoreamos mi esposo Peter y su servidora Angélica Lavance.

En esos momentos no sabía lo que Dios planeaba con ese encuentro, ni me imaginaba en la unidad que habría entre nosotras; desde primer momento en que nos conocimos con la Pastora Lorena Vásquez y su esposo Marcelo hubo una conexión en el espíritu muy fuerte y sabíamos que Dios nos había unido con un propósito; y con el tiempo logré entender que aquí en New Jersey había una guerrera locamente enamorada y apasionada por Jesús como lo soy yo.

Lo hermoso es que en cada uno de los eventos que he participado; fui conociendo mujeres maravillosas en Dios que impactaron mi vida; la unidad y el amor en nosotras; se hacía cada día un escudo más y más fuerte; Y hasta hoy somos las piedras preciosa de la «Diadema» del padre porque ese era Su plan...Y soy muy feliz por ello; porque tengo una familia tan grande que ama, adora y exalta al Señor.

Durante cada encuentro en los congresos «vestidas de hermosura» y «pies de cierva en lugares altos» experimenté un mover profético que nunca antes pude imaginarme que podría ser real en mí.

Déjame llevarte un poquito a mi infancia. Desde pequeña veía a mi padre pintar y él hacía dibujos de rostros perfectos y siempre admiré su destreza pero no pensaba que yo pudiera tener un talento similar; pero en Dios todo lo que es imposible es posible.

Durante el evento de mujeres la Pastora Lorena me dijo si podía hacer unos cuadros proféticos; sin ella saber la pasión que yo tenía por buscar la forma de expresarme por medio de las pinturas...Así que en los eventos Dios me mostró visiones y hermosas palabras proféticas para mi vida y a la vida de otras mujeres que estaban allí.

Una de esas visiones era una jarra grande en el cielo con un paraíso dentro de ella; del cual salía un manantial de agua viva y aceite fresco que caía sobre muchas jarras hermosas, de diferentes formas y todas eran llenas hasta el tope.

El señor habló a mi vida y me dijo que la persona que recibiría este cuadro (pintura) sería una restauradora de portillos y que a través de ella; Dios alimentaría las naciones con aceite fresco y que correrían manantiales de agua viva a través de ellas; donde muchos pueblos podían beber lo nuevo y lo fresco del padre.

Pasó un poco de tiempo después de esa visión y no lograba entender para quién era la palabra pero el Señor habló a mi vida y me reveló que era para la Pastora Lorena. Y en los próximos años pude ver la visión hacerse realidad en la vida de ella.

El Señor me daba una nueva visión de una palabra profética para el ministerio «Abrazando Vidas» y solo esperaba la confirmación del padre para entregarla; pero Dios ya estaba trabajando con la pastora Lorena y Él le dijo que tendría un nombre nuevo para ella.

Vi en visión y una pulsera de plata que estaría escrita la palabra del Padre; y podía ver una gran mujer de fe que le creía al Señor, y se levantaba y empezaba a trabajar por este hermoso ministerio que está en el corazón de Dios para la mujer...Y sé que esta palabra es para ti y para mí.

«Todos los reyes verán tu gloria; y te será puesto un nombre nuevo, que la boca de Jehová nombrará, y serás llamada corona de gloria en la mano de Jehová, y diadema del reino en las manos del Dios tuyo. Nunca más te llamarás desamparada; porque el amor de Jehová estará en ti; así se gozará contigo el Dios tuyo».
Isaías 62:2–5

Al tiempo la pastora Lorena tuvo en su brazo la pulsera de plata y hoy Dios la llama MADRE «DIADEMA A LAS NACIONES».

Dios tiene planes para nosotros; en el cual Él es el artesano; y nos diseña según sus planes divinos.

Agradezco a la pastora Lorena por darme la oportunidad de compartir un poco de cómo comienza un sueño en el corazón de Dios haciéndolo visible y sé que para ti es un día de victoria donde el amor del padre te llenará de conocimiento y sabiduría. A través de este libro inspirado por el Espíritu Santo podrás entrar en su presencia y conquistarlos planes del padre para el mañana.

¡YO SOY DIADEMA!
Profeta Angélica Lavance
Brick, New Jersey.

ABRAZOS QUE SANAN GENERACIONES

Es un honor para mí que mi amado Dios me permita testificar de su poder, de su gracia, de su amor, de su justicia y fidelidad

Para mí el pensar en la Pastora Lorena, mi bella Pastora, es testificar que un abrazo puede cambiarlo todo. Un abrazo cuando viene acompañado de una palabra de Dios es suficiente para transformar una vida, y darte la fuerza para decir todo es posible.

Desde que llegué a este país, dejándolo todo en mi bella Costa Rica, sabía en mi corazón que mi destino estaba en las manos de Dios; conocí al Señor a mis ventiúnaños, junto con mi esposo, en una Iglesia donde la presencia de Dios habitaba; y me enamoré de Él, supe que ya nunca más podría volver a atrás, conocí su perdón, su misericordia y su amor que tanto yo necesitaba.

Empezamos a caminar en Él, y en su palabra y juntos luchábamos por cada día conocer más de ese Dios que capturó nuestro corazón. Servimos con todas nuestras fuerzas, con todos nuestros recursos, y con todo nuestro ser, en tiempos de gozo y en tiempos de angustia. Para mí no existe mayor placer que servir, y adorar al Rey de reyes, y Señor de Señores.

A lo largo de todos los años de ministerio hemos sido altamente bendecidos. Y aunque existen momentos de cansancio y decepción, Dios siempre ha llegado a tiempo y nos ha levantado.

Servimos diez años en el ministerio como pareja pastoral de la iglesia en la cual estábamos. Yo tenía a mi cargo el privilegio de liderar el ministerio de alabanza, y teníamos un pequeño grupo de jóvenes; se podría decir que era una pequeña iglesia formándose y todo parecía estar bien. Cada día seguía aprendiendo y caminando en las promesas que Dios nos daba. Pero un día orando, Dios comienza a hablarme y revelarme en sueños, visiones y su misma palabra las cosas que pasarían y las que estaban pasando, tanto en mi familia como en la iglesia e incluso en otras partes fuera de New Jersey. Yo no había sido reconocida como profeta de Dios por los hombres y líderes, pero yo sabía bien lo que Dios había hablado para mi vida y que me había llamado como profeta para las naciones.

Un día, una joven profeta me dijo: «Dios te llama como profeta», y declaró sobre mí la palabra de Isaías 49 y ese fue el momento en que supe claramente que Dios tenía mucho más para mí, y para mi familia.

Llegaba el 2014 y mi esposo y yo estábamos pasando por tiempos muy duros; como pintor, mi esposo trabajaba largas horas y llegaba muy cansado, casi no quedaba tiempo para la familia porque teníamos muchas cosas que hacer, y porque estábamos también sirviendo en la iglesia.

Y yo cada día estaba más y más ocupada, en reuniones, en prácticas, en preparar canciones, talleres y en tanto y tanto que se deterioró nuestro matrimonio, y comenzábamos a estar tan cargados que no había momento en el que no discutiéramos por algo. Y Dios comienza a hablarme y mostrarme que las luchas que teníamos eran porque el enemigo se había infiltrado sutilmente, para destruir y que teníamos que prestar atención a la voz de Dios.

Pasan los días, sigo orando al Señor, buscando su dirección, pero las cosas siguen poniéndose mucho más difíciles, y ahora no solo eran los problemas con mi esposo, sino que había varias cosas que en la iglesia se estaban dando. Un día tuve un sueño donde el Pastor general de la iglesia estaba quitando la presencia de Dios, lo veía buscando su propio crecimiento, cambiando los principios que Dios le había dado, e imponiendo su voluntad y para resumirte la historia de mi valioso testimonio entre otras cosas Dios me muestra cómo aquellos que dicen llamarse escuderos muchas veces se deslumbran con la luz ajena queriendo tomar el sueño de Dios y el protagonismo de otro como suyos.

Como aquellos que dicen llamarse pastores llaman a sus obejas y cuando las llama ninguna de ellas reconoce su voz.

Despertar tras cada uno de estos sueños rompieron mi corazon de tal manera, ore y llore tanto!

Mi matrimonio y otros tantos de la congregación estaban en caos.

Escases económicas, pecado oculto, dureza de corazón fueron algunas de las razones que llenaron mi vida de angustia y desesperación.

Servir diez años en una iglesia en donde el enemigo se sentó en la silla para liderar y tomando absoluto control me hacía cada vez más débil para seguir en ese lugar.

Yo no puedo más con esto, Señor, quiero dejarlo todo y comenzar de nuevo lejos de aquí.

Ayúdame Señor, dime qué debo hacer. Tú me muestras estas cosas pero ellos no me escuchan.

Y el Señor me habló en Ezequiel 2:4 «Yo, pues, te envió a hijos de duro semblante y corazón empedernido, a quienes te envío, les dirás: Así dice el Señor Dios. Y así ellos, escuchen o dejen de escuchar, porque son una casa rebelde, sabrán que un profeta ha estado entre ellos. Y tú, hijo de hombre, no temas, no temas ni a ellos ni a sus palabras, aunque haya contigo cardos y espinas y te sientes en escorpiones; no temas sus palabras ni te atemorices ante ellos, porque son una casa rebelde. Les hablarás mis palabras, escuchen o dejen de escuchar, porque son rebeldes»...Y temí en mi corazón y dije: «¿Quién soy yo para que me digas esto, Señor?«. . . y Él me dijo: «Yo te voy a guiar, no temas»...Pero yo quería estar segura del paso que debía dar, le pedí a Dios que me confirmara, que yo pudiera estar 100% segura que no era mi mente, ni mi carne o mi corazón el que decidiera, así que le dije: «Señor, estoy en tus manos».

Recuerdo el día jueves 28 de mayo estaba tan triste, tan desconsolada que parecía estar de duelo, y estaba sentada afuera de mi casa viendo a mis hijos jugar y en ese momento recibí una llamada de una amiga que me quería invitar a un congreso de mujeres llamado «Vestidas de Hermosura» y me dijo que había un cupo para mí. Le dije: «Claro que voy»...inmediatamente le dije al Señor:«Voy a ir a ese lugar y sé que ahí vas a darme la respuesta que necesito».

Esperé con ansias que llegara el día sábado 31 de mayo, me puse mi blusa azul, mi blusa favorita, y eran casi ocho de la mañana y los segundos se me hacían eternos. Recibí

Diademas

el mensaje de mi amiga diciéndome que estaba afuera y salí corriendo, y me dijo: «¿Estás lista?». Le dije:«Creo que sí», y salimos rumbo al lugar. Al llegar vi que había tantas mujeres todas tan expectantes de lo que Dios podría hacer, y por primera vez en muchos días me sentí como aliviada. Recuerdo que le decía a Dios:«Yo vine hasta aquí y como Jacob no me iré, si no me bendices...».

La Pastora Lorena dio la bienvenida, yo no la conocía, presento a su esposo y me sonreí, le dije a mi amiga: «Mira qué pareja más linda»...Y así comenzó la primera conferencista, la segunda, y yo seguía esperando en Dios, luego el Ministerio de danza comenzó a ministrar. Bajé mi rostro y le dije a Dios: «Hace tiempo que no danzo para ti, hace tiempo que deseo danzar en libertad, poder sentir que en la danza se rompan las cadenas. Dios, como deseo danzar contigo»...Alcé mi cabeza, y luego de la primera danza, vino la segunda, pero esta vez sentí fuego en mi corazón y en mis pies, al escuchar la canción que estaban danzando y comencé a saltar y aplaudir y a disfrutar esa danza (¡¡Freedom!!) ¡Oh Dios!! ¡Era como espada en mi ser, sentía unas ganas inmensas de gritar "FREEDOM" Libertad!! ¡No más grilletes, no más cadenas, soy libre!!.

Fue tan fuerte lo que esa danza produjo en ese lugar, que no sé cómo, ni en qué momento estaba adelante, saltando, y danzando, solo quería que esa alabanza y esa danza no pararan, y recuerdo que la pastora dijo: «Esa danza es profética y aquí se están rompiendo las cadenas»...y así que, la volvieron a danzar y yo más que feliz. Algo en mí se estaba rompiendo, era sentirse con mucha sed y de repente te dan ese refrescante vaso con agua.

Terminó la danza, y luego le tocó el turno de Ministrar a la Pastora Lorena, y la palabra caló en mi corazón, luego ella comenzó a ministrar a cada persona que estaba en ese lugar según el Espíritu la guiaba, y yo le dije a Dios: «Señor, te necesito, acuérdate de mí, necesito llevarme la respuesta que te pedí, no me iré de aquí sin oír tu voz. Señor yo necesito tu abrazo»...Y fue entonces, como de repente, pude ver que la Pastora Lorena estaba atrás en el fondo, casi a la salida del lugar donde estábamos, y se vino directamente hacia donde estaba yo. Y con lágrimas en mis ojos, bajé la cabeza y ella empezó a orar por mí, y me dijo: «Así te dice el Señor: "Yo he oído tu clamor, yo he visto tu dolor, sé que tu corazón es sincero, y que buscas agradarme. Inclina tu oído a mí, yo te he escogido porque has amado la justicia, y has aborrecido la maldad, y te he ungido con oleo de alegría, sobre todos ellos, te he amado, eres mi más grande tesoro, vístete de hermosura hija mía, no tengas temor, eres mía, y yo te levantaré, deja tu carga,, suéltala ya, viniste a buscar respuesta y yo te la daré, tú les has hablado, y no te han querido escuchar, son rebeldes, yo castigaré su maldad, sal de tu tierra, de tu parentela como lo hizo Abraham, porque yo te levanto y te entrego herencia como las estrellas del cielo y el fuego que he puesto en ti nadie lo podrá apagar, eres mi boca y yo he hablado por ti, no he terminado contigo porque yo te tomé de en medio de ellos y todos sabrán que Yo Soy tu Dios, te llevaré a las naciones y tus enemigos estarán bajo tus pies, los que te humillaron desearán tu favor, de hoy en adelante caminaras en mi Espíritu, Yo te voy a guiar"»... Luego, solo sentí que alguien me abrazaba, y fue...no tengo palabras para explicar lo que fue ese abrazo, solo sé que cada vez que lo recuerdo lloro de alegría y siento una gran paz, porque todas mis cargas desaparecieron.

Por primera vez en mi vida en ese momento me sentí con tanta seguridad, con tanta Paz, y pude llorar de alegría, pude darme cuenta de que Dios estaba conmigo, y que todo iba a estar bien. Por primera vez en mucho tiempo no me importó nada más, solo disfruté ese abrazo, el abrazo de Papá.

Ahí comprendí que debía salir de esa iglesia, estuviera o no de acuerdo el pastor, y se lo hice saber y le dije: «Dios me habló, esto está mal, ustedes no quieren obedecer, y yo me voy en obediencia a Dios».

A partir de ahí, he caminado, y aunque aquellos que consideré como mi familia, hoy me tienen como su enemiga, y no me dirigen la palabra estoy en paz; porque desde que salí de ahí. He sido más que bendecida, guiada en el Espíritu y ha sido Dios quien a través de ese congreso de mujeres me vistió de hermosura por medio de un abrazo, re-direccionó mi vida y se nos han abierto puertas de bendiciones tan tremendas, y pude ver que mi matrimonio fue sano. Hoy disfrutamos y cuidamos muy bien de nuestro tiempo, sabiendo que la familia es nuestro primer ministerio. Volvimos a empezar, tomamos la dirección de Dios, y estamos caminando como Abraham, por Fe, y en plena confianza de su Amor.

Dios tiene todo bajo control, y si algo agradezco es el haber asistido a ese congreso, el haber conocido a esta mujer que se dejó usar por el Espíritu Santo, que a través de ese ministerio hermoso que Dios le dio, abrazó mi vida, y ese abrazo y esa palabra cambiaron no solamente mi vida, sino la de mi esposo y la de mi familia. Siempre digo que si no hubiese sido por Dios primeramente y por ella, no estaríamos donde estamos. Dios une propósitos, por eso desde ese día sé que Dios la puso en mi camino, para darme cuenta de que Él siempre llega a tiempo, de que Dios nos ama, y no nos dejará en el valle de sombra y de muerte. Él es nuestro socorro y nuestro pronto auxilio en medio de toda circunstancia.

Por eso, para ti que estás leyendo este hermoso libro y este testimonio quiero decirte: Nunca dudes de la fidelidad de Dios, porque Él cumplirá su propósito en ti,

Él tiene control de tu vida, y de toda circunstancia aun cuando sientes que el sol quema, que el fuego es irresistible, que la prueba es mucho mayor que tu fuerza y que Dios se olvido de ti.

«Pero Sion dijo: Me dejo Jehová, y el Señor se olvidó de mí. ¿Se olvidará la mujer de lo que dio a luz, para dejar de compadecerse del hijo de su vientre? Aunque olvide ella, yo nunca me olvidaré de ti. He aquí que en las palmas de las manos te tengo esculpida; delante de mi están siempre tus muros» Isaias 49:14-16.

Esa es una promesa viva, esa palabra fue alivio a mi alma y a mi corazón Hazla tuya en este dia.

Él tiene un plan perfecto, un propósito eterno, estás escondida en sus manos, Él es tu hacedor, tu pronto auxilio, Él conoce tus muros, tus debilidades y aflicciones; pero no abortará lo que dio a luz, ni abandonará lo que lleva su sello, lo que lleva su nombre y su firma; Él firmó por ti y ese contrato no se rompe. Tu deber es creer, y permanecer fiel, ser obediente a su palabra y a sus principios. No negocies la palabra con nadie, porque Él honra a quienes lo honran. No te doblegues a complacer la voluntad de los hombres por encima de tu Dios. Su justicia resplandecerá para ti, aprenderás a caminar entre zarzas, espinos, y escorpiones y nada te hará daño, porque Él te protege, Él cuida de ti, Él cuida de aquellos que le aman y le buscan sinceramente.

Hoy alabo, y me gozo, porque al ser fiel y obediente a su voz, a su palabra, al ser integra con Dios y conmigo misma, veo su mano sobre mí. Hoy no solo levanto mi cabeza en alto para llevar una corona de justicia, sino que también para decir que soy su niña mimada, que me vistió de su túnica sacerdotal, y que puedo dar testimonio a otros que aunque a veces no entendemos las cosas que pasan, todo obra para bien.

Hoy las puertas que estaban cerradas se abrieron, y hasta lo que nunca imaginé llegó a mi vida de manera sorprendente.

Una de las puertas que Dios abrió para mí fue el ser abrazada, y llamada para ser parte de un sueño de Dios, puesto en las manos de la Pastora Lorena, y es el ser una Hija Diadema para las Naciones, el poder conocer a esas bellas mujeres de Dios que al igual que yo en un momento de sus vidas se encontraron en el camino con el abrazo de la misma mujer que impartió sobre mi esa gota de amor que tanto necesitaba; Hijas Diademas, para mí, son mujeres comprometidas al Señor en todo tiempo y en toda circunstancia, son mujeres de impacto a las naciones, mujeres de propósito, mujeres quizá imperfectas para el mundo, pero perfectas para este tiempo perfecto de Dios, y hoy yo soy una Hija Diadema, una corona real, una corona para el Rey. Agradezco al Señor por esta oportunidad, por confiar en mí y por hacerme parte de esta familia de Hijas, bajo el Abrazo de mi Madre Diadema Pastora Lorena Vázquez.

Te amo pastora bella, agradezco a Dios por tu vida y ministerio, Dios te siga usando, y sean ensanchados tus brazos espirituales para poder seguir abrazando vidas, abrazando propósitos y llevando la palabra profética según el Espíritu de Dios te dirija.

Con Amor: Profeta Evelyn Fallas.
South Planfield, New Jeresy.USA

EL RESPALDO DEL PADRE

Gracias a Dios por la BENDICION de haber conocido a la Pastora Lorena Vázquez por hacerme parte de este libro, y contar con el privilegio de ser una hija Diademas a las Naciones, un proyecto que nació desde el corazón de el Padre para bendición de muchas mujeres y estoy convencida que será de gran bendición para todas las lectoras.

Mi nombre es Paola De Caro. Soy casada con un hombre maravilloso, tengo tres hermosos hijos varones, y mi pequeño milagro, Isabella de tan solo quince meses.

La llamo así porque es mi milagro enviada directamente del cielo como una promesa a mi vida de parte de Dios

Les comparto mi historia y deseo sea de bendición para todas aquellas que estén esperando por su milagro.

Quedé embarazada de mi primer hijo muy joven. Me acuerdo mucho que le pedí a Dios que me regalara un varón y así fue. Dos años después quedé embarazada y de nuevo le pedí a mi Señor que me regalara otro varón.

Yo no quería tener niñas, había algo en mi que las rechazaba.

<Cuando tu no sacas el dolor de una herida llevas cautiva a una generación dentro de ti>

Logicamente experimente un tiempo de sanidad y a medida que mis hijos varones crecían pude notar como un vacio en mi corazón comenzó a formarse. Me sentía incompleta y en medio de una oración el Señor me llevó a pedirle perdón por rechazar todas las niñas incluidas las de mi familia. Luego Comencé una etapa de deseo y necesidad por mi hija, aquello que rechazaba con todas mis fuerzas se convirtió en mi mayor anhelo.

En un día de ayuno y oración en la iglesia el Señor habló a mi vida y me dijo: «Lo que tanto me has pedido te lo daré». A esa palabra me aferré como mujer de fe, tanto que ya me sentía embarazada y así pasó. Era totalmente diferente a mis embarazos anteriores en los síntomas, así que podía estar segura que venía mi hija, pero a los tres meses desafortunadamente lo perdí.

Te aseguro que no había sentido un dolor físico más grande que ese y espiritualmente también fue algo muy fuerte; sin embargo, nunca recriminé, ni pregunté, ni reproché. Simplemente acepté la voluntad de Dios y fue así que en medio de mi anestesia el Señor me permitió ver la ascensión de mi bebé estando en el cuarto del hospital.

Vi como los cielos estaban abiertos y mi bebé se desprendía de mí lentamente mientras crecía a medida que estaba subiendo hasta perderse en medio de nubes muy bajas acompañada de ángeles.

En medio de todo el dolor que estaba pasando esta visión trajo consuelo a mi vida.

Paso un tiempo y Dios me reconfortó diciéndome:«Nunca desfallezcas ni desmayes, yo estaré contigo todos los días de tu vida». Me aferré a esta palabra y a Números 23:19:«Dios no es hombre para que mienta, ni hijo de hombre para que se arrepienta»; también Romanos 8:28: «Y sabemos que a los que aman a Dios todas las cosas les ayudan para bien».

En ese proceso de sanidad me aferre al amor de Dios en mi vida y creyendo que llegaría un tiempo de regocijo y restitución.

Fue en ese proceso que tuve el enorme placer y privilegio de conocer a mi amada Pastora Lorena Vázquez en una reunión para mujeres, donde desde el primer momento recibí palabra de vida, de refrigerio, palabra profética y pude comprender que era una mujer que Dios había enviado para restaurar mi vida.

Sin conocerme tocó fibras muy sensibles en mí. Era claro que la gracia y EL RESPALDO DEL PADRE estaba sobre ella.

Cada palabra que dio a otras personas pude ver como Papá fielmente la respaldó convirtiéndose en un hecho real y demostrándonos la relación tan cercana que tenía con Él, esa entrega que tiene, esa pasión por lo que hace, ese amor infinito por las almas y ese inagotable e incansable trabajo por la obra, la hacen la Pastora, la Profeta y la

Madre Diadema a las Naciones que hoy es. Tengo el enorme placer de conocerla hace un par de años y desde entonces ha sido una parte fundamental en mi vida.

Ella Tuvo que ver mucho con mi milagro, ya que cuando la conoci tenia días de embarazo sin saberlo, pero en mi corazón había temor por una nueva pérdida.

Ese dia fui impartida con palabra de vida y aquel temor termino, se fue en el nombre de Jesús.

El nacimiento de mi hija era inminente y aunque no me dijo que era una niña, sentí la convicción en mi corazón.

Esa tarde yo y el fruto de mi vientre recibimos aliento de vida a traves de la palabra. Sin dudas Dios le dio una cambio inmenso a mi vida y uso a Pastora Lorena para hacerlo. Y Hoy disfruto de mi hermoso regalo.

Sin duda alguna Dios la ha respaldado en cada proyecto que emprende para enaltecer a nuestro Señor y llevar a esas mujeres que como yo hemos tenido algún momento difícil en nuestra vidas.

Quiero cerrar este pequeño testimonio diciéndote Mujer, que la fe

La perseverancia y el amor son las llaves para abrir la puerta de tu milagro.

Y contar con personas que crean en ti te ayudara a entrar por ellas.

GRACIAS PASTORA LORENA VÁZQUEZ
Con Amor.
Ministro Paola de Caro
Colombia.

EL ABRAZO QUE ME POSICIONÓ

Doy gracias a Dios por haber guiado mis pasos hacia el Ministerio Abrazando Vidas donde he encontrado ese abrazo genuino y lleno del Amor de Dios, donde mis pastores humildes y lleno del amor de Dios me han recibido y han abrazado mi vida orando y velando por mi y creyendo en el Sueño de Dios en mi vida, y por medio de sus abrazos he aprendido a abrazar y a reconocer a un Dios de amor que cree en mí.

Mi pastora y madre Diadema con su ejemplo de adoración me ha mostrado cómo adorarle libremente de manera sencilla pero con profundidad en excelencia y amor real. Y a ti amado lector/ra, sí, amado o amada porque tengo la seguridad que este libro será usado por Dios para abrazar a cuantos El quiera llegar.

quiero dejarte saber que eres amado por el Padre con amor eterno y que Dios tiene por cumplir un hermoso sueño para tu vida, que fuiste creado con propósito y entre ellos fuiste creado para adorar. Adorar es algo más que un cántico. Es un estilo de vida, donde vives amando y agradeciendo a ese Dios que te amó a ti primero, donde vives reconociéndolo en tu vida, pues si no hubiera sido por lo que Él hizo por nosotros, ¿dónde estaríamos ahora? Es reverenciar su palabra y su majestad, es honrarlo

Con tu Adoración a Él cambias tu atmosfera, el ambiente en tu alrededor. Con tu Adoración cambias los vientos contrarios para que se pongan a tu favor. Con tu Adoración toda oscuridad se disipa porque su presencia desciende para iluminar tu vida. Cuando adoras toda tristeza se tiene que ir. Cuando adoras en medio de una batalla tu Victoria está asegurada. Cuando adoras aun en las pérdidas encuentras ganancias. Adorar es amarlo tanto que te encuentras rendido a sus pies, sumergida en águas profundas confiada en Él, en intimidad y allí en esas profundidades serán revelados secretos íntimos

.Te invito en este momento a que ores al Padre para que el Espíritu Santo Te guie en una Adoración profunda para que te lleve a ese lugar de adoración en espíritu y verdad. Es todo lo que Dios esta buscando (Juan 4:23).

Oro al Padre para que nuevos niveles de adoración sean desatados en tu vida y Dios conceda los deseos de tu corazón.

Con Amor.
Ministro Yamilka Singh
New Jersey, USA

SANAS PARA SERVIR

Pertenezco a Ministerio Abrazando Vidas.

Lugar donde habita la Gloria de Dios y su Presencia Divina.

> «Porque el SEÑOR es el Espíritu; y donde está el Espíritu del SEÑOR, allí hay Libertad». 2 Corintios 3:17

Es de gran privilegio ser parte de este Ministerio de Dios, como también soy parte de Diademas a Las Naciones, junto a mi Pastora Hermosa sierva del Dios Altísimo Lorena Vázquez, mujer empoderada, esforzada y valiente que cuenta con la inmensa Gracia de Dios.

Recordando de un taller llamado Aliento de Vida, donde fui sanada de heridas pasadas, donde fui liberada, y donde aprendí que nada es imposible para Dios. Hoy por hoy puedo sonreír con alegría, con gozo, y abrazar a otras vidas como así también yo fui abrazada en los brazos del Padre.

Se que en todo momento Dios ha estado conmigo y estará siempre, porque el Rey es mi Padre y yo soy su hija.

Llegué a este Ministerio sin fuerzas, desesperanzada y muy necesitada de lo que Dios ya tenía para mí en ese lugar.

Esa noche de vigilia le pedí al Señor un Abrazo que me hiciera sentir su amor una vez más y llegué a ese lugar sin saber que aquel abrazo era todo lo que necesitaba para encaminarme a mi destino profético.

Ese abrazo tuvo el poder para sanar y restaurar mi vida y Dios usó los brazos de mi pastora para levantarme como una adoradora e intercesora del Reino, una mujer Guerrera que aprendió a velar por mi Familia y la Casa de Dios, sabiendo el llamado que se me ha sido asignado con autoridad y que soy responsable de lo que Él ha puesto en mis manos. Servirle a Dios y a mi prójimo es un gran Privilegio, y estar sumergida en su presencia aún más para mi.

Dios sanó mi vida para servirle y adorarle y continuaré pelando esta batalla valientemente. ¡Sé que la victoria me pertenece!

> «El Reino de los Cielos sufre violencia y
> solo los violentos lo arrebatan».
> Mateo 11:12

Te bendigo y te invito a que seas aún más bendecida, mientras lees este Libro. Dios te hable a tu Corazón y seas prosperado así como prospera tu alma.

Abrazo tu Vida.
Ministro Ceila Cardona
New Jersey, USA

EL PODER DE VOLVER A NACER

El poder de volver a nacer trajo a mi vida la certeza que las cosas viejas pasaron y Dios las hizo todas nuevas para mí y mi descendencia.

Mi vida antes de ser nueva criatura estaba llena de prejuicios y se sujetaba a lo que los demás podían pensar o decir de mí. Estaba bajo el control de personas que decían amarme y me sentía infeliz de no poder ver mis sueños realizarse.

Me sentía estancada, conformista, una mujer sin decisión y no valorada.

El espíritu de control y desánimo operaban en mí las 24 horas y yo sin saberlo.

Vivía una vida atada a sueños que no eran los míos, a personas que no me edificaban y a ataduras que no me pertenecían.

Pero Dios en su infinito amor puso en mí la esperanza que ese tiempo terminaría y dependería de mí abrazar con mis brazos una nueva vida.

Dios llegó para mostrarme su infinita misericordia, y a pesar de sentirme fracasada Él había cuidado de mí en todo momento.

Me enseñó a dejar ir mi pasado, perdonar y amarme a mí misma, Él cambió mi vida, mi lamento en gozo y pasé de sentirme no valorada a ser un tesoro invaluable para sus ojos experimentando no solo el cambio en mi vida sino la transformación.

Dios impartió en mi vida la fuerza del Poder.

Sí, todo lo puedo en Él y de Él viene mi fortaleza.

«Todo lo puedo en Cristo que me fortalece». Filipenses 4:13.

Y aún en mis días grises Él me muestra su arco iris, recordando sus promesas. Aun pasando por el desierto me da de beber agua como lo hizo con Agar y su hijo con tan sólo abrirle la puerta de mi corazón.

No hay palabras que puedan expresar lo que siento al buscar su amor, su abrazo en medio de mi adoración. Sin Dios mi vida no tiene sentido.

Hoy sé quién soy y hacia dónde van dirigido mis pasos.

No solo soy hija espiritual de Pastora Lorena Vázquez, nuera y madre de tres de sus nietos.

Hoy no solo soy feliz y soy Diadema sino también Realeza, y estoy cubierta bajo el amor del Rey y un manto pastoral que me posiciona para alcanzar naciones a través del amor de Dios.

Ella me enseñó a creer en mí y me ayudó a posicionar mis pies sobre la Roca Eterna. Cristo.

Tomó mi mano e impartió en mi valores únicos que sirvieron para encontrar en mí una mujer única, amada y consentida por Dios.

Mujer, te animo a descubrir quién eres para Cristo, y cuanto puedes alcanzar en Él.

Con Amor.
Ministro Emilia Lucero
Parlin, New Jersey, USA

PORTADORAS DE SU GLORIA.

> «El Señor daba palabra; Había grande multitud de las que llevaban buenas nuevas».
> Salmos 68:11

Mi nombre es Pastora Lisa Pena y conocí a mi madre Diadema Lorena en un evento de Vestidas de Hermosura donde quedé sumamente impresionada con la elegancia y excelencia con la cual adoraban al Señor estas damas preciosas.

Luego nace una invitación a ministrar en un evento de retiro llamado «Pies como de cierva en lugares Altos». Mientras esperaba ese día mi corazón se llenaba de una gran expectación quién es esta mujer y cómo su ministerio estaba impactando mi vida. Luego de ese evento hubo un enlace espiritual entre Pastora Lorena y mi persona. Hoy no solo soy hija Diadema, sino una de las Mujeres que Dios posiciono a las Naciones.

Sabiendo que he tenido el privilegio celestial de ser unida a una mujer y una Madre espiritual que tiene un poderoso llamado global.

Siento un gran orgullo de ser parte de algo encaminado bajo la gracia y la excelencia que caracterizan al Padre.

Diadema, un sueño de Dios para las naciones.

Pastora Lorena me ha inspirado a remontarme día tras día en mis alturas; aun y en mis peores tormentas para ofrecer a Dios un servicio magnífico de pureza y consagración.

Gracias Madre Diadema por ser para esta huérfana una mujer completa en Cristo.

Mujer:

Quiero impartir un nuevo aceite sobre ti,

Un líder no nace, un líder se hace; y tu deber es vencer el estigma de una ciudad en donde quieren detenerte y vencer a una mujer empoderada en el espíritu.

El deseo de Dios es empoderarte para cosas mayores. Cosas que aun ojos no han visto.

El respaldo del que te envía es el poder de tu esencia; Y el que Soy, el gran Yo Soy, es el que te envía.

«Somos portadoras de la esencia del Yo soy».

Tú eres portadora de todo lo que anhelas porque ya está en ti y será traspasado a tus generaciones.

Mujer Portas su Gloria,

Brilla y desbórdate de su Gracia.

Porque en ti verán los deseos del Rey cobrar vida en las naciones.

Te bendigo y te abrazo.

Pastora Lisa Peña

Reading, Pensilvania, USA.

NO HAY GLORIA SIN DESIERTO

Cuando estaba pasando por un desierto en mi vida y sentía que ya no podía con tanta angustia, dolor, soledad y tantos sentimientos que me destruían.

Cuando pensé que más sola estaba llegó la luz de Jehová a mi vida acompañada de una palabra, la cual en ese momento no entendía, ni el poder que esta tenía.

Pasaba el tiempo y yo intentaba llenar mi vacío sin encontrar como hacerlo hasta que Dios me encontró a mí primero.

Dios cambió mi vida. Conocerle y entender sus deseos para mí me llevaron de su mano a una experiencia única basada en una relación de amores jamás antes vivida.

Conocerle llenó cada uno de mis sentidos fortaleciéndome, sanándome librando mi alma y llenándome de seguridad convirtiéndome en una mujer de Autoridad.

Dios me sacó de una vida de pecado, me libró de vicios y de una vida desordenada a la cual yo me había acostumbrado buscando de manera errónea mi felicidad donde jamás pude encontrarla.

Nuestro amoroso Dios ya tenía establecido un lugar lleno de amor para mí en donde pude congregarme hasta este día, "Ministerio Abrazando Vidas"

Allí Él plantó mis raíces junto a corrientes de agua y a los abrazos más necesitados que jamás llegué a pensar podían hacerme falta.

En esta tierra Dios me permite día a día crecer en un ministerio, y este lugar es muy especial para mí.

Echar raíces es necesario para descubrir el verdadero potencial que hay en ti, Mujer.

Este jardín en donde Dios me planto ayudó a que su palabra abrazara con cumplimiento mi vida rodeada de su paz y bajo su orden tal como lo menciona su palabra en 1 Corintios 14:33.

El trajo de su orden y su paz en todas las áreas de mi vida, permitiéndome, ordenar mi matrimonio y formando una hermosa y soñada familia.

Restauró cada área lastimada en mí convirtiéndome en una amenaza para el mundo de aquellas tinieblas que intentaron apagar mi luz.

Dios usó mis pastores Marcelo y Lorena Vázquez para guiarme y acompañarme en este largo viaje que asegura mi entrada al palacio como hija del Rey, no importando cuantos vientos sean contrarios y cuantas armas forjen para detenerme.

Aprendí a disfrutar mi camino del desierto al palacio de la mano de mis pastores en donde la Gracia absoluta de Cristo en mí me hace cada día más fuerte.

Ellos son reconocidos en mi corazón como mis Padres Espirituales.

Ellos me tomaron en sus manos como un verdadero pastor toma a la oveja herida.

Me bautizaron, me casaron y me ordenaron como escudera bajo la esencia de la tan escasa integridad de corazón.

Hoy soy privilegiada en contar mi testimonio en el libro de mi madre Lorena Vázquez.

Madre que no es solamente mía, sino de muchos y llamada por Dios como Madre Diadema a las Naciones para abrazar, para sanar y empoderar mujeres a través del Poder y el amor del Padre Eterno.

Dios aún no ha terminado conmigo pero está cumpliendo su propósito en mí.

Creo en ti, Mujer, y creo aún más en los sueños de Dios para tu vida.

Ministro María Belén Rojas.
Perh Amboy,
New Jersey. USA

Pastora Lorena Vázquez
Es una Mujer poseedora de autoridad.
Obtuve el honor y privilegio de conocerla en un congreso de mujeres. Luego fui invitada por ella a participar de su retiro Anual Pies de Cierva en Lugares Altos, donde fui marcada y ministrada en gran manera.
Pastora Lorena abrazó mi vida.
Es una mujer de Reino, humilde, dada a los demás, con un corazón conforme al del Señor. Me convierte en una hija Diadema ese amor maternal por su pasión por las vidas y ministerio de la mujer donde toda su labor en el ministerio es con excelencia.
Pastora Jazmín Figueroa
West Virginia, USA

Pastora Lorena Vázquez es una Mujer marcada por Dios, una Mujer de acuerdo al Corazón del Eterno.

EL Rey de Reyes nos conectó sin conocernos físicamente pero con un propósito divino, porque el día que tuve la oportunidad de abrazarla por primera vez sentí en mi espíritu que el nombre de su Ministerio ABRAZANDO VIDAS fue escrito en la eternidad en el trono de la Gracia.

Una Mujer con propósito profético, con la autoridad de Hija del Rey, una mujer con convicción firme, una mujer de oración, sólida en lo que cree y hace y que me inspira.

UNA MUJER DE REINO nacida para este tiempo para caminar coronada con el favor y la gracia del Rey de Reyes y Señor de Señores.

Abundantes y ricas Bendiciones para ti y todas las Hijas del Rey de Reyes en todo lo que emprendan bajo la voluntad del Padre, porque llevas el sello Real del Altísimo.

¡Yo soy Diadema!
Pastora Sonia Plaza
Allentown, Pensilvania, USA

Un bendito día fui invitada al retiro Pies de Cierva en Lugares Altos, y fue allí donde tuve la bendición y el honor de conocer a la Pastora Lorena. Desde el primer instante que me abrazó, sentí el abrazo fuerte de Dios. Sabía que estaba ante una mujer llena de su Gloria y su presencia. Una mujer que marcó mi vida al verla danzar. Observaba y al mismo tiempo sentía ¡cuánta gratitud, pasión y amor por el Señor emanaba de ella!

En mi espíritu rápidamente percibí que ella sería parte de mi vida y yo de la de ella, pues mi corazón se pudo identificar con su corazón de madre. Hoy soy su hija Diadema porque sus cuidados y amor por mi vida no se hicieron esperar...Pastora Lorena Vázquez, mi madre Diadema, la que me recuerda este poderoso texto:

«Sed imitadores de mí, así como yo de Cristo» (1 Corintios 11:1).

Pastora Yamilka Figueroa.
West Virginia, USA.

Capítulo 10

PALABRAS FINALES DE LA AUTORA NO HAY PAREDES

«Porque te extenderás a la mano derecha y a la mano izquierda; y tu descendencia heredará naciones, y habitará las ciudades asoladas».
Isaías 54:3

Concluir la escritura de este libro llena mi corazón de felicidad y gratitud hacia el Padre.

La inexplicable sensación de una vida con propósito y destino establecido por aquel que tiene el poder absoluto para abrazarme con cumplimiento va más allá de toda oposición que intente detenerme.

Y el poder transmitirle a mi descendencia que los sueños de Dios son reales me hace fuerte e imparte fuerza en ellos.

Descubrir que aquellos dolores irresistibles traerán el regocijo eterno de ser elegida Madre de muchos marcaron mi corazón y hoy son la plataforma de cada una de las canciones que acuna a cada uno de mis hijos.

El legado impagable que una mujer determinada traspasa a sus generaciones es la seguridad de que no habrá límites para ellos. y que en aquel territorio que están destinados a habitar no hay paredes.

Atreverme a cambiar mi destino fue el mayor de mis logros y hoy cuento con el privilegio del poder dejarlo plasmado en este libro.

Los hijos que Dios me permitió dar a luz en lo natural son el sello que impactará naciones levantando un verdadero altar de adoración al que es Digno de ser adorado y que jamás desistirá hasta encontrarlos.

Ezequiel y Evelyn nunca olviden que lo único que el Padre busca son adoradores en Espíritu y verdad y que no hay mayor deleite que dejarse encontrar por Él y ser reconocidos hijos suyos.

Tenemos casa.
Tenemos pan.
¡Tenemos Padre!
Y en su herencia está la firma irrevocable que les otorga derecho legal de ser llamados Real Sacerdocio.

Los hijos que Dios me permitió dar a luz en lo espiritual serán aquellos que dejen huella donde quiera que vayan envolviendo los aires de una exquisita fragancia de unidad, y amor fraternal no fingido.

Y a través de su luz admirable serán llamados y reconocidos Nación Santa, pueblo separado por Dios.

Descubrir que no hay paredes para mí fue entender que como límite Dios me regaló el cielo y nada ni nadie puede cambiar sus planes para mi vida.

Estoy enteramente agradecida a cada una de las personas que me permiten ser parte de sus vidas acompañándolas en esta aventura de la mano del Rey.

Y a ti, Mujer, es mi deseo que hayas disfrutado mi libro.
Y hayas sanado heridas a través de mi historia.

Te animo a no detenerte, a conquistar el corazón del Rey con tu adoración vivir mirando hacia adelante.

¡A reír, a danzar, a brillar!
¿A hacer lo que tú quieras hacer !Estoy convencida que lo lograras.

A creer en ti y en aquellos que están contigo.
A perdonar, porque es la llave de la libertad.
A comprender, a abrazar vidas.
Eres una piedra preciosa y exclusiva. Jamás te mezcles entre las piedra semi-preciosas porque perderías valor.
Te reto a alcanzar todo y cuanto tus ojos puedan ver.
Continúa Vestida de Hermosura en todo tiempo.
Eres escogida.
Eres Favorecida.

¡Hueles a nardo puro!
¡Eres Hija del Rey!!
¿TU Límite? ¡El Cielo!
¡No Hay Paredes!
¡Dios te sorprenderá!
Oro a Dios por tu Vida.
Te bendigo.
Te abrazo.
¡Creo en ti!
CONTINUARA..........
Lorena Vázquez.